mandelbaum *verlag*

Dieses Lesebuch wurde im Rahmen des Österreichischen Sozialfestivals *Tu was, dann tut sich was.* erstellt und wurde durch die *Sinnstifter* ermöglicht.

www.sinn-stifter.org – www.tu-was.at

s!nnstifter
Privatstiftungen machen Sinn.

SOZIALFESTIVAL **Tu was, dann tut sich was.**

ifz Salzburg

WELTVERBESSERUNG IM KLEINEN

Ein Lesebuch für gutes Zusammenleben

Von Elisabeth Kapferer,
mit Unterstützung von Isabell Gstach,
Susanne Katzlberger, Elisabeth Kocher und
Clemens Sedmak

mandelbaum *verlag*

www.mandelbaum.at

ISBN: 978385476-584-4
© mandelbaum *verlag*, wien 2019
Alle Rechte vorbehalten

1. Auflage 2019

Satz: Karin Berner
Korrektur: Uta Scholl, www.korrifee.at
Covergestaltung: ifz Salzburg
Coverabbildung: istockphoto.com/frimages, peecheey.com
Druck: Primerate, Budapest

INHALT

7 Wo es herkommt
Oder: Anstelle eines Vorworts zu diesem Lesebuch

17 Was es ist
Oder: Anstelle einer Einleitung zum Lesebuch

»STEH AUF. TU ETWAS. SOFORT.«

25 Fang irgendwo an!
Oder: Von ersten Schritten zur Weltverbesserung

35 Eine Frage der Perspektive!
Oder: Was siehst denn du, was ich nicht seh?

45 Die Welt aus den Angeln heben
Oder: Warum gute Veränderung und gute Verankerung sich nicht ausschließen

53 Von Fischen, Christbäumen und Wasser
Oder: Warum alle Menschen Weltverbesserer sein können

61 Ein (unvollständiges) A bis Z …
… möglicher Gelegenheitsstrukturen fürs gute Zusammenleben

63 Wer ist schon felerlos?
Oder: Warum Irrungen nicht immer ein Problem sein müssen und ein Kopfstand manchmal helfen kann

73 Der Hund im Büro
*Oder: Wie wir mit Spannungen und Konflikten umgehen
– oder ihnen vorbeugen – können*

83 »Ubuntu«!
Oder: Warum wir gemeinsam mehr erreichen

93 Tu was!
*Oder: Wie wir Aktivitäten anstoßen und Kooperation
und Gemeinschaft fördern können*

103 Fragen Sie!
*Oder: Von (womöglich gar nicht so) stillen Gruppen
und vom guten Einladen*

115 Von sozialer Infrastruktur und sozialem Kapital
*Oder: Fundamente und Brücken
des guten Zusammenlebens*

»WE CAN ONLY DO IT TOGETHER.«

129 Wo es hinführt
*Oder: Über Wirkungen und Zu(kunfts)versichtlichkeit.
Anstelle eines Schlussworts*

ANHANG

139 Literatur und Links

151 Über das ifz Salzburg

WO ES HERKOMMT

Oder: Anstelle eines Vorworts zu diesem Lesebuch

Wie kommt man auf die Idee, ein Lesebuch zum guten Zusammenleben und zur Weltverbesserung im Kleinen zu verfassen? Die Antwort auf diese Frage ist einfach zu finden und führt zu einer vorangegangenen Idee des damaligen Präsidenten des internationalen forschungszentrums für soziale und ethische fragen (ifz Salzburg), Clemens Sedmak, die inzwischen ein Jahrzehnt zurückliegt. Der Gedanke kam auf unter dem Eindruck von Projekten wie jener der »Europäischen Kulturhauptstädte«, der »Green Cities« oder der »Menschenrechtsstädte«: Könnte man nicht so etwas wie eine »Sozialhauptstadt« initiieren? Könnte man nicht, nach solchen beispielgebenden Mustern, für einen bestimmten Zeitraum jeweils einen Ort oder auch eine Region zu einem Zentrum des guten Miteinanders und der gelebten Menschlichkeit ausrufen? Könnte man soziale Themen und Fragestellungen nicht mit einem »Festivalgedanken« verbinden und somit nicht nur Ideen und Aktivitäten zum guten Zusammenleben entwickeln und umsetzen, sondern dies (und diese) auch feiern?

Das klang doch gut – und warf viele weitere Fragen auf: Wen müsste man dazu mit ins Boot holen? Wo müsste man mit solch einem Sozialfestival hingehen? Wie könnte man möglichst viele Menschen vor Ort zum Mitmachen bewegen und begeistern? Wie könnte man auch jene ansprechen, die eher »am Rand« stehen und deren wichtige Perspektiven auf das Zusammenleben ansonsten vielleicht nicht wahrgenommen werden? Und apropos »am Rand« – warum all dies nicht in sogenannten »peripheren«, strukturell benachteiligten und von Abwanderung betroffenen Regionen organisieren anstatt in gesättigten Zuzugs- und Ballungsräumen?

Etliche gründliche Überlegungen, beherzte Bemühungen, hilfreiche Fügungen und glückhafte Zufälle später war es dann so weit: Am ifz Salzburg konnte das Konzept zu Österreichs erstem Sozialfestival entwickelt werden, Arbeitstitel: »Regionen gelebter Menschlichkeit«. Unter dem Motto und endgültigen Projektnamen *Tu was, dann tut sich was.** startete das Abenteuer dann schließlich zum Jahreswechsel 2010/2011, mit dem salzburgischen Lungau als Pilotregion. Tatkräftig unterstützt wurde das sich damals noch in seinen Kinderschuhen bewegende Vorhaben an diesem seinem ersten Schauplatz vom Regionalverband der LEADER-Region Lungau, von regionalen Sponsoren und Partnern sowie nicht zuletzt und ausschlaggebend durch ein Konsortium österreichischer Privatstiftungen unter dem Namen »Sinnstifter«, die *Tu was* von Anbeginn und über die gesamte Laufzeit des Programms hinweg mit großzügigen finanziellen Mitteln ausgestattet haben.

Nun sollte sich zeigen, ob der der Leitgedanke des Sozialfestivals und seines Initiators Clemens Sedmak sich bestätigen würde, dass es überall helle Köpfe gibt, die mit guten Ideen zu einem guten Miteinander beitragen wollen, und dass es nur der Gelegenheit und der entsprechenden Mittel bedürfe, diese Ideen sichtbar und auch wirksam werden zu lassen. Sowohl in der Pilotregion Lungau wie auch in den drei folgenden Festivalregionen – der Steirischen Eisenstraße, der Mühlviertler Alm und der Region Mostviertel-Mitte – hat sich gezeigt: Ja, sie sind da! Die hellen Köpfe, die guten Ideen, die Bereitschaft, sich für andere Menschen und für das gute Zusammenleben einzusetzen, für dieses gute und bessere Zusammenleben Zeit und Energie zu investieren. Die Bereitschaft, hinzusehen und auch Herausforderungen anzusprechen und anzupacken, die im sonstigen Alltag

---

* Geschrieben mit Punkt! [sic!] Tu was! Weil eben: Dann tut sich was. Punkt!

oft übersehen werden oder in den gängigen kommunalen Strukturen (und ihren Mühlen) keinen Platz finden.

Und wie sie da waren! In trockenen Zahlen gesprochen erhielten die OrganisatorInnen des Sozialfestivals in den vier Regionen in den etwas über sechs Jahren der Laufzeit über 350 Projektvorschläge. Davon konnten immerhin 238 Projekte auch in ihrer Umsetzung unterstützt werden. Ausgewählt wurden diese Projekte jeweils von einer Jury, bestehend aus Personen, die unterschiedliche regionale wie überregionale, soziale wie soziokulturelle Expertise einbringen konnten und die nicht nur ihre jeweilige eigene Projekterfahrenheit, sondern vor allem auch große Anerkennung gegenüber allen Projektvorschlägen und dem Engagement der Einreichenden mitbrachten. Unterstützung gab es in der Folge sowohl finanziell, in Form von Projektgeldern, als auch in Form von organisatorischem Knowhow, etwa durch das Knüpfen wichtiger Kontakte oder im Sinne von Unterstützung bei Planungsschritten zur Umsetzung der guten Idee.

Unter den umgesetzten Projekten fanden sich kleine und große Aktionen, einmalige Veranstaltungen oder Interventionen ebenso wie langfristig bzw. dauerhaft angelegte Aktivitäten und Maßnahmen – eine bunte Vielfalt an möglichen Interpretationen, was gutes Zusammenleben bedeutet und was es dafür braucht, wie man das Zusammenleben vor Ort verbessern könnte, eine bunte Vielfalt an Antworten auf die Frage in die Region, was sich tun sollte im je eigenen, alltäglichen Lebensumfeld.

Gemeinsam war all jenen Menschen, die sich beteiligt haben, das Bestreben, blinde Flecken im Miteinander in den Blick zu rücken, Versorgungslücken in der lokalen sozialen Infrastruktur anzusprechen und diese nach Möglichkeit zu verringern oder gar zu schließen sowie Menschen in schwierigen oder benachteiligenden Lebensumständen zu unterstützen. Gemeinsam war ihnen der Wille zum Tun, der Wille, Veränderung anzuregen und zu bewirken, der Wunsch nach der Weltverbesserung im Kleinen. Gemeinsam war all den vorgeschlagenen Projekten schließlich, dass sie aus einer ganz speziellen Expertise heraus entwickelt wurden – aus dem Wissen derjenigen, die es betrifft, der Menschen vor Ort. Ganz im Sinne eines unserer Leitgedanken: Lokale Perspektiven ermöglichen lokales Wissen, lokales Wissen wiederum kann gelingende lokale Lösungswege hervorbringen.

Tu was, dann tut sich was. war in insgesamt vier österreichischen Regionen zu Gast, die allesamt vor spezifischen Herausforderungen stehen, etwa durch ausdünnende Infrastruktur, demographischen Wandel und Abwanderung, aber auch – und nicht erst ab dem Sommer 2015 – durch Zuzug und Migration, also etwa hinsichtlich neuer Fragen in Bezug auf gelingende Integration und ein gutes Miteinander. Nach dem Start im idyllischen, aber doch etwas entlegenen *Lungau* im Jahr 2011 wanderte das Sozialfestival weiter an die lange Jahre maßgeblich durch Bergbau geprägte *Steirische Eisenstraße* (2012–2013), danach ging es in die oberösterreichische, ans Waldviertel angrenzende, periphere, aber doch so lebendige Region *Mühlviertler Alm* (2013–2014), und abschließend (2015–2016) war die Region *Mostviertel-Mitte* mit einem Schwerpunkt im Traisen-Gölsental im Süden Niederösterreichs Gastgeberin des Projekts – eine Region, die, wie manche andere, vielleicht (ökonomisch) bessere Zeiten gesehen hat, dafür aber sozial (und hinsichtlich »Sozialkapital« und Ähnlichem) etliches an Potenzial mitbrachte.

Das Sozialfestival agierte dabei jeweils zusammen mit regional verankerten Partnern, in allen vier Regionen war dies vor allem das örtliche LEADER-Management. So ergab sich der »Rahmen«. Innerhalb dieses Rahmens und innerhalb gewisser thematischer Vorgaben war die lokale Bevölkerung nun eingeladen, eigene Ideen zu entwickeln und nach eigenen Vorstellungen und Möglichkeiten Aktivitäten zu konzipieren. Die besagten Vorgaben folgten der Idee eines *Sozialfestivals* – Projektvorschläge sollten dem Gedanken des guten, sozialen Miteinanders und der gelebten Menschlichkeit folgen, sozialen Zusammenhalt fördern helfen und, wenigstens im weitesten Sinne, sozialen Benachteiligungen oder sozialer Ausgrenzung entgegenwirken. *Wie* das aussehen könnte, *wer* angesprochen werden sollte und *was* hier geeignete Aktivitäten sein könnten, das sollte wie gesagt explizit den Menschen vor Ort als den ExpertInnen für das gute Zusammenleben in ihrer Region freigestellt bleiben – so gesehen war *Tu was, dann tut sich was.* als »Bottom-up-Programm« angelegt, mit dem Ziel, Aktivitäten »von unten« entstehen zu lassen und möglichst wenig vorzuschreiben.

Wortwolke mit Begriffen: Vorurteile abbauen, Natur & Umwelt, Migration, Fähigkeiten, Freizeit, Eltern & Familie, Zugang, Lebensgeschichten & Erfahrungen, Bewegung und Sport, soziale Ausgrenzung, Gesundheit, Kinder, Kommunikation, Integration, Wissen, Flüchtlinge, Kultur, Bewusstseinsbildung, Frauen, soziale Kompetenzen, Feiern, Selbstbewusstsein, gemeinsame Erlebnisse, Kreativität, Gemeinschaft, Jung & Alt, Unterstützung, Landwirtschaft, Bildung & Lernen, Respekt & Wertschätzung, Traditionen, SeniorInnen, Austausch, Für einander da sein, Begegnung, Vielfalt, Kindergarten & Schule, Nachhaltigkeit, Lebensfreude, Mobilität, Ehrenamt & Vereine, Gesellschaft, demografischer Wandel, Teilhabe, Jugendliche

Die Abbildung stellt dar, welche Themen, Handlungsfelder und Wünsche in diesen Aktivitäten und Vorschlägen adressiert worden sind. Als Beispiel verwenden wir hier die Themenverteilung aus unserer letzten *Tu was*-Region, Mostviertel-Mitte. Unsere Darstellung beruht auf einer inhaltlichen Auswertung aller eingelangten und der Jury vorgelegten Projektvorschläge aus der Region. Das Stimmungsbild, das dabei entstanden ist, kann durchaus stellvertretend auch für die Vorgängerregionen des Sozialfestivals stehen. Denn bei aller Unterschiedlichkeit der vier *Tu was*-Schauplätze: Es hat sich doch gezeigt, dass die Anliegen, Sorgenthemen und »wunden Punkte« – wie auch die einzusetzenden Mittel, die Stellschrauben, die Möglichkeitsanker, um Gegebenheiten zum Besseren zu wenden – sehr ähnlich wahrgenommen wurden. Die großen Themen springen in der Darstellung richtiggehend ins Auge: Es geht um die Pflege von Gemeinschaft und um einen respektvollen, wertschätzenden Umgang miteinander, es geht um das Ermöglichen sozialer Teilhabe, um Achtsamkeit für Menschen und Personengruppen, die es aus unterschiedlichen Gründen schwerer haben oder aus dem gemeinschaftlichen Blick geraten könnten. Und nicht zuletzt, ganz im Sinne des Sozialfestivals: Es geht darum, das Zusammenleben und das Gute an der lokalen Gemeinschaft miteinander zu feiern, miteinander soziale Lebensfreude zu kultivieren!

Tu was hatte zum Ziel, Bottom-up-Initiativen hervorzubringen, gleichzeitig ergab sich aber durch den Rahmen des Sozialfestivals als »Dach« der vielen und vielfältigen individuellen Projekte noch ein zusätzlicher »Mehrwert« für alle Beteiligten. Zumindest zwei Aspekte dieses Mehrwerts sollen hier hervorgehoben werden: Wo benötigt und gewünscht, gab es Rat und Unterstützung in der konkreten Umsetzung der Ideen durch das Festivalteam, insbesondere selbstverständlich durch die jeweiligen Verantwortlichen in den LEADER-Büros vor Ort. Hier gab es verlässliche und hilfsbereite Ansprechpersonen mit einem offenen Ohr für jegliche Anliegen und Fragen, hier gab es konkrete »Gesichter«, die sich zuständig fühlten und gerne hilfreich zur Seite standen. So sollten auch Personen ohne vorherige »Projekterfahrung« oder ohne weitreichende unterstützende Kontakte beziehungsweise Netzwerke ermuntert und ermutigt werden, sich aktiv und gestaltend einzubringen. Das war das eine.

Zum anderen bot das *Tu was*-Dach – entsprechend seinem Charakter als Sozial*festival* – den Beteiligten aber auch eine Reihe an Gelegenheiten, miteinander und über das jeweils eigene Vorhaben hinaus in Kontakt zu kommen und untereinander in Austausch zu treten. Diverse Feste, Ausstellungen, Informationsveranstaltungen, Stammtische, Workshops oder auch »Mitmachtage« sorgten für ein buntes, vielfältiges und niederschwelliges, regelmäßiges Rahmenprogramm. Informationen über Angebote und Aktivitäten wurden sowohl in der allgemeinen Öffentlichkeit, etwa in Kooperation mit regionalen

Medien, wie auch im Kreis der Mitwirkenden regelmäßig und umfassend verbreitet. In diesem Sinne wurden die individuellen Bottom-up-Aktivitäten »von unten« durch ein »von oben« gestaltetes Rahmenprogramm und -angebot ergänzt, aus vielen Einzelprojekten wurde ein Netz, aus vielen einzelnen Mosaikteilchen der Weltverbesserung ein gemeinsames »Ganzes«.

Dokumentiert wurden sämtliche Aktivitäten nicht nur online über die Projekt-Homepage, sondern auch in diversen Publikationen, etwa auch in Form eines »Festivalkatalogs« zu jeder Region. Die Mitwirkenden erhielten diese Dokumentation zum Abschluss des jeweiligen Sozialfestivals in ihrer Region als Dankeschön für ihr Mittun und Beitragen, als Erinnerung und möglicherweise auch als Inspiration, sich auch weiterhin im Sinne des guten Zusammenlebens und der Weltverbesserung im Kleinen einzubringen.

Die Festivalkataloge oder »Sozialatlanten«, wie sie getauft wurden, dienten aber nicht nur der umfassenden Dokumentation der einzelnen Aktivitäten, der Projekte und Veranstaltungen in der jeweiligen Region. Eine weitere Besonderheit des Sozialfestivals lag nämlich in seiner von Anfang an mitlaufenden wissenschaftlichen Begleitung, die inhaltlich sehr bunt sowie interdisziplinär angelegt war. Hier trafen sich sozialwissenschaftliche, geisteswissenschaftliche und kulturwissenschaftliche Interessen und Fragestellungen, qualitative und quantitative Ansätze, Theorie und Empirie, Schreibtischarbeit und Feldforschung, hier wurden Annahmen und Thesen formuliert, vor Ort überprüft und vielfache Rückmeldungen aller Beteiligten eingeholt. Erkenntnisse aus der wissenschaftlichen Begleitung fanden auch in etliche thematische Beiträge in den Sozialatlanten Eingang, beispielsweise in Hinblick auf »Wo und wie anfangen?«, zur Bedeutung von empfundener »Zugehörigkeit« für soziales Engagement, zur Entwicklung von Kontakten, Netzwerken und Sozialkapital, zur Relevanz von Spielräumen (mit Betonung auf *Spiel* ebenso wie auf *Raum*), zum Nutzen und zu den möglichen Nachteilen von »Nähe« (Stichwort: Nachbarschaft), zur Wichtigkeit des unsichtbaren und auch ungreifbaren »Unterbaus« von funktionierenden Gemeinschaften, der sogenannten »intangiblen Infrastruktur«, oder auch zu den nicht nur in Bürgerbeteiligungsprojekten oft angesprochenen Themen »Erfolg« und »Nachhaltigkeit« – Themen, die wir für dieses Lesebuch teilweise noch einmal aufgegriffen und vertieft haben.

Darüber hinaus haben die Ergebnisse der wissenschaftlichen Begleitung aber immer wieder auch zur konzeptionellen Weiterentwicklung des Festivals beigetragen und konnten Anregungen für eine regelmäßige kritische Reflexion des Projekts geben. Die Kinderschuhe konnte das Sozialfestival somit recht bald abstreifen, das Konzept schärfte sich und wurde von Region zur Region ausgefeilter und besser an die Bedürfnisse und Möglichkeiten der Menschen vor Ort, die wir erreichen wollten, angepasst. Die am wissenschaftlichen Projekt Beteiligten übernahmen in diesem Sinne am vierten und letzten Schauplatz auch spezifische und auf den bisherigen Erfahrungen aufbauende Aufgaben in der Begleitung und Unterstützung der Projekt-InitiatorInnen. So war der Weg vom Lungau über die Steirische Eisenstraße und die Mühlviertler Alm bis in die Mitte des Mostviertels für das Sozialfestival *Tu was, dann tut sich was.* nicht nur in geographischer Hinsicht, sondern auch im Sinne der Festivalentwicklung eine bemerkenswerte Reise.

Dass dieser Weg zudem auch im Sinne persönlicher Erfahrungen eine äußerst bereichernde und erkenntnisreiche Reise werden konnte, liegt nicht zuletzt an der Bereitschaft so vieler Menschen in den vier Festivalregionen, sich einzubringen, sich einzulassen, sich auszutauschen. Und so gründen auch etliche Überlegungen in den folgenden Kapiteln dieses Bandes auf dieser wertvollen und facettenreichen Basis von Erfahrungen, die unmittelbar aus dem Tun und aus der Begegnung kommen. – *Hier kommt dieses Lesebuch also her.*

Wir danken allen, die den Weg von *Tu was* ermöglicht und ideell wie finanziell unterstützt haben und ihn – ob auf einem längeren oder kürzeren Stück – mitgegangen sind. Wir danken allen, die dem Projekt ihr Wissen, ihre Zeit, ihr Engagement, ihr Tun und ihr Wohlwollen geschenkt haben. Durch all das konnte *Tu was* wachsen und gedeihen und in den vier Festivalregionen Blüten und Früchte tragen. Entstanden ist so ein buntes Kaleidoskop der Weltverbesserung im Kleinen und des guten Miteinanders.

Danke!

Was in all diesen Jahren entstanden ist und zu einem guten Teil auch immer noch weiterwirkt, hat die Aussage bestätigt: *Tu was, dann tut sich was!*

Die HerausgeberInnen
Salzburg, Juni 2019

LITERATUR UND QUELLEN:

Gstach, Isabell et al. (Hg.): Sozialatlas Steirische Eisenstraße. Lokales Wissen erfolgreich nutzen. Wien: mandelbaum verlag 2013.

Gstach, Isabell et al. (Hg.): Sozialatlas Mühlviertler Alm. Eine vernetzte Region. Wien: mandelbaum verlag 2015.

Kapferer, Elisabeth et al. (Hg.): Sozialatlas Lungau. Ideen und Projekte für ein besseres Zusammenleben. Wien: mandelbaum verlag 2012.

Katzlberger, Susanne: Gemeinsam Zukunft denken. Begleitung und Entwicklung von Integrationsprojekten am Beispiel des Sozialfestivals *Tu was, dann tut sich was*. Projektarbeit im Rahmen des Universitätslehrgangs Migrationsmanagement. Salzburg 2017.

Verein zur Förderung des Festivals Tu was, dann tut sich was. / LEADER-Region Mostviertel-Mitte (Hg.), Mederer, Judith et al.: *Tu was!* Magazin. Salzburg–Kirchberg/Pielach 2016.

sinn-stifter.org

tu-was.at

WAS ES IST

Oder: Anstelle einer Einleitung zum Lesebuch

Vier Mal oder insgesamt über sechs Jahre hinweg »Regionen gelebter Menschlichkeit«, wie der ursprüngliche Arbeitstitel in der Konzeptphase noch lautete; vier Mal oder über sechs Jahre hinweg schließlich das Erleben dessen, was dann unter dem Label »Sozialfestival« und dem Titel *Tu was, dann tut sich was.* in vier ländlichen, eher peripher gelegenen Regionen Österreichs Wirklichkeit wurde; vier Mal über einen langen Zeitraum die Möglichkeit und das Geschenk, das Engagement von Menschen miterleben zu dürfen, die etwas bewegen wollen, von Menschen wie du und ich, jeglichen Alters und jeglicher Herkunft, bereit, sich mit neuen Ideen und Vorschlägen für ein gutes Miteinander im jeweiligen alltäglichen Lebensumfeld zu engagieren: Da kommt einiges zusammen an Beobachtungen, Überlegungen, Fragezeichen, Fundstücken und Aha-Erlebnissen! Und genau darum geht es in diesem Buch.

Die folgenden Kapitel beschäftigen sich mit verschiedenen Themen, die uns während der Arbeit mit unserem »Nähkästchen«- oder auch Referenzprojekt *Tu was, dann tut sich was.* wiederholt beschäftigt haben. Zu diesen Themen haben wir Recherchen im weiten Feld der Weltverbesserung angestellt. Wir haben an etlichen Veranstaltungen, Workshops und Tagungen teilgenommen und dabei viele ExpertInnen der Weltverbesserung getroffen sowie zahlreiche andere inspirierende Beispiele für Projekte und Initiativen zum guten Zusammenleben kennengelernt. Und wir haben dabei immer wieder festgestellt: Diese Themen beschäftigen nicht nur uns! Wie kommen wir ins Tun? Wie gehen wir mit »Fehlern« um? Was sind die Zutaten, damit eine Idee zu einer Aktion wird, die gelingt und wirkt? Und wie geht das mit der Kooperation?

Das sind nur einige Fragen, mit denen wir uns zwischen diesen Buchdeckeln auseinandersetzen. Unsere Auseinandersetzung damit erfolgt auf Basis unserer eigenen Eindrücke und Erlebnisse, Erfahrungen und Lernwege, die wir als »ErmöglicherInnen« von sozialem Engagement im Rahmen von *Tu was* sammeln durften. Und sie gründet auf den vielen und vielfältigen Anregungen, Erzählungen, Erkenntnissen und geteilten Wissens- und Erfahrungsschätzen von anderer Seite.

Das Themenfeld, in dem wir uns bewegen, betrifft das ganz unterschiedlich vorstellbare aktive Tun zum guten Zusammenleben und all diejenigen Menschen, die bereit sind, zur Weltverbesserung im Kleinen beizutragen. Es geht um »Freiwilligenarbeit« im weitesten Sinne, um ehrenamtliches, zivilgesellschaftliches Engagement – um Aktivitäten, die Menschen in ihrer Umgebung freiwillig in einem (vorwiegend) lokalen Kontext und Rahmen setzen, mit dem Ziel, zum guten und besseren Zusammenleben beizutragen, gemeinsam mit anderen und für andere. Wir verzichten bewusst auf Begriffsarbeit oder den Versuch einer klaren Definition und Abgrenzung, welche Art von Aktivitäten gemeint sei und welche nicht.

Die daraus resultierende begriffliche Unschärfe, was genau alles mitgemeint ist, könnte freilich ein Kritikpunkt sein. Unser Zugang ist aber der, dass die Unschärfe und der Verzicht auf trennscharfe Definitionen und Abgrenzungen einen Vorteil hat: Denn damit öffnet sich auch genau jener Raum der Vielfalt an Möglichkeiten und Herausforderungen, Problemlagen und Lösungsideen, in dem sich Leben und Zusammenleben eben abspielt – auch im Sinne eines vielfältigen (wie auch immer etikettierten) Engagements, das hier *so* und im Nachbarort wieder ganz *anders* aussehen und notwendig sein kann. Weltverbesserung im Kleinen, die auf lokale Gegebenheiten reagiert, wird sich jeweils auch an diesen Gegebenheiten orientieren und sich in gewisser Weise anpassen – sie wird Passungen erfordern und hervorbringen, damit Beteiligung und ein gelebtes Miteinander für möglichst viele Realität werden kann.

Die sozialen Spielräume innerhalb der lokalen Gegebenheiten sind das, was uns interessiert: Es geht uns um die kleinräumige Weltverbesserung, unser Bezugsrahmen ist im Wesentlichen unser jeweiliges »soziales Dorf«, sprich nicht die große weite Welt, sondern jene Umgebung, in der wir unser alltägliches Leben verbringen und gestalten. Die Welt, in der wir leben, ist zumeist bunt. Und Weltverbesserung im Kleinen gelingt zumeist besser im Farbmodus als in Schwarz-Weiß. In diesem Sinne möchte auch das Buch möglichst vielen unterschiedlichen Engagier-Willigen, Engagierten, und Engagement-ErmöglicherInnen unterschiedliche Anstöße geben – die Leserin und der Leser werden womöglich (und hoffentlich) ganz unterschiedliche Aspekte als die für sie wichtigen und relevanten erkennen und nutzen können.

Weltverbesserung im Kleinen ist wichtig und kann für diejenigen, die sie berührt und die sich von ihr berühren lassen, einen enormen Unterschied machen. Gleichwohl muss betont werden und kann nicht oft genug betont werden, was Weltverbesserung im Kleinen und das »kleine«, individuelle, freiwillige Engagement für ein besseres Zusammenleben *nicht* sein soll und *nicht* sein darf: ein Lückenbüßer, der dort einspringt, wo sich die öffentliche Hand und der Sozialstaat zurückziehen, sich schon zurückgezogen haben oder neue, weitere Einsparungen planen. Viele Persönlichkeiten aus dem weiten Feld der Freiwilligentätigkeit und der Weltverbesserung haben diesbezüglich Vorsicht eingemahnt, unlängst etwa auch der vormalige Caritas-Präsident Franz Küberl in seinem Buch »Sprachen des Helfens«: Freiwilligenarbeit ist hoch wichtig und unverzichtbar, aber sie ist der »Zement«, der jene »Ziegel« des Zusammenlebens zusammenhält, die von anderer Seite bereitgestellt werden müssen. Weltverbesserung, zumal im Kleinen, kann sicherlich nicht alle Probleme einer komplexen Gesellschaft lösen. Aber Weltverbesserung kann – zumal im Kleinen! – Impulse setzen und Anstöße geben (auch für professionelle, öffentliche Stellen). Eine Gesellschaft des menschlichen Miteinanders oder, in unseren *Tu was*-Worten, der gelebten Menschlichkeit gelingt nur, wenn es Menschen gibt, die sich für ihre Mitmenschen interessieren, die Achtsamkeit für ihre Mitmenschen pflegen und die entsprechend handeln.

Überall gibt es Menschen mit guten Ideen, helle Köpfe, die mit Achtsamkeit und Aufmerksamkeit durchs Leben gehen und »sehen«, wo Dinge besser laufen könnten, wo das Zusammenleben menschlicher verlaufen könnte. Die sehen, wo sich Spielräume auftun und wo Spielplätze der Möglichkeiten neue Perspektiven auf das gute Zusammenleben ermöglichen. In bestimmtem Ausmaß können wir das alle. Oder, wie Franz Küberl unterstreicht (und wäre wäre Küberls Buch nicht erst 2017 erschienen, wären seine Worte durchaus auch als Leitbild von *Tu was* verwendbar gewesen): »Nicht jeder kann alles. Aber drei Dinge kann jeder: Das Nichtstun ächten, jenen, die etwas tun, Anerkennung zollen, und selbst immer überlegen, ob (oder welchen) Beitrag man leisten kann, eine schwierige Situation zu entschärfen, zu lindern, einen konstruktiven Beitrag für das Miteinander zu beginnen.«

Hier kommen wir zu denjenigen, an die wir unser Lesebuch richten wollen, also zu all jenen Leuten, die Interesse an der (aktiven) Weltverbesserung im Kleinen haben. Sie wurden schon genannt: Wir richten uns an die *Engagier-Willigen*, an Menschen, die eigentlich schon gerne etwas tun würden, aber vielleicht (noch) zögern, vielleicht (noch) nicht recht wissen, wo und wie und was das sein könnte; an Menschen, die aus unterschiedlichen Gründen nicht »wie selbstverständlich« Zugang zur etablierten Welt des Ehrenamts und des freiwilligen Engagements haben oder finden, die deswegen aber noch lange nicht sozial desinteressiert sein müssen; wir adressieren ebenso die *Engagierten*, die bereits (in welchen Strukturen und Rahmenbedingungen auch immer) aktiv zum besseren Zusammenleben und zur Weltverbesserung im Kleinen beitragen, die sich vielleicht mit weiteren, neuen Ideen tragen, die vielleicht einfach über den einen oder anderen Aspekt ihres Tuns reflektieren wollen, die sich für Beispiele und Aktivitäten anderer interessieren; und schließlich möchten wir auch die diversen *Engagement-ErmöglicherInnen* ansprechen, beispielsweise regionale oder lokale Anlaufstellen für (künftige) Weltverbesserer, Freiwilligenzentren (oder Agenturen, wie sie etwa in Deutschland heißen), OrganisatorInnen von Rahmenprogrammen und Beteiligungsformaten, für Engagier-Willige und Engagierte offene Institutionen und ähnliche Akteure mehr.

Der Aufbau des Buches orientiert sich in groben Zügen, ohne aber dabei scharfe Trennlinien zu ziehen, auch entlang dieser Auflistung. Das Buch beginnt mit Beiträgen, die sich eher an die (zukünftig) Engagierten richten, und führt zu Texten, die vielleicht eher jene Weltverbesserer interessieren könnten, die als ErmöglicherInnen, MultiplikatorInnen, MotivatorInnen agieren. Die Übergänge dabei sind fließend – so fließend, wie sie es ja auch zwischen diesen hier benannten »Gruppen« tatsächlich sind.

Es geht in diesem Buch nicht darum, was der »richtige« oder womöglich der »beste« Weg wäre, um Weltverbesserung anzustoßen und zu unterstützen (denn diesen einen, besten, richtigsten Weg gibt es ohnehin nicht). Es geht vielmehr um Anregungen, überhaupt etwas zu tun und den ersten Schritt zu wagen, ob in der »realen« physischen Welt oder virtuell, ob innovativ-visionär oder traditionell-vertraut. Die Wege zur Weltverbesserung sind vielfältig.

Dieses Buch ist kein Handbuch, keine Schritt-für-Schritt-Anleitung, wie man Projekte aufzieht. Solche Leitfäden, Praxisratgeber und Kochbücher gibt es aus unterschiedlicher Feder und mit Handlungsempfehlungen für unterschiedlichste Anliegen, Konstellationen und Größenordnungen. – Es gibt sie Gott sei Dank! Wir ziehen sie auch in den folgenden Kapiteln dankbar und gerne heran. Wir verweisen jeweils am Ende der einzelnen Kapitel bzw. gesammelt auch nochmals am Ende des Buchs auf sie. Wir legen sie allen heutigen und künftigen Weltverbesserern ans Herz, weil sie fundierte und verlässliche Tipps geben, die weit tiefgehender praxis- und langzeiterprobt sind, als unsere Projekterfahrungen mit *Tu was* allein es sein könnten. Wir »verlinken«, so gut, wie es in einem Lesebuch in Papierform möglich ist, in einem Literatur- und Linkverzeichnis am Ende des Bandes auch auf sie.

Warum überhaupt ein gedrucktes Buch, in Papierform? Weil die Weltverbesserung, auch im Kleinen, damit die soziale Phantasie anspringen kann, nicht nur des Tuns, sondern hin und wieder auch der Muße bedarf. Warum ein Lesebuch? Weil die Weltverbesserung, auch im Kleinen, auch das Wandern und Springen und ein letztliches Andocken der Gedanken und Ideen braucht. So wie man auch hier zwischen den Kapiteln springen kann, sich treiben lassen und sich hier und da festlesen kann. Das Lesebuch möge verstanden werden als eine Einladung: eine Einladung genau dazu, sich einzulassen, sich einzulesen und schließlich dazu, die Welt nach den eigenen Möglichkeiten ein Stück besser zu machen.

Die Welt, in der wir leben, ist, wie schon gesagt, bunt – und ebenso bunt ist die »Szene« der in der Weltverbesserung Engagierten. Die Landschaft, die sich entdecken lässt, ist reichhaltig und erfreulicherweise oftmals offenherzig im Weitergeben von Gelerntem und Erlebtem. Die »Szene« derer, die sich in diesem Bereich engagieren, Dinge anstoßen, sich für ein gutes und besseres Zusammenleben einsetzen und andere Menschen mitreißen, ist beeindruckend in ihrer Vielfalt, ihren unterschiedlichsten Sichtweisen und ihren breit gefächerten Ideen und Wegen, um die Welt, unsere kleine Welt, zu einem besseren Ort zu machen. Wir hoffen, dass wir mit diesem Lesebuch ein wenig zurückgeben und einen kleinen, anregenden Beitrag leisten können für weitere, kommende Aktivitäten von Weltverbesserern – und solchen, die's noch werden wollen.

LITERATUR:

Küberl, Franz: Sprachen des Helfens. Wien u. a.: Styria Verlag 2017.

»STEH AUF. TU ETWAS. SOFORT.«

Weckruf für Nina Ross, aus:
Michele Weber Hurwitz,
»Wie ich die Welt in 65 Tagen besser machte«

FANG IRGENDWO AN!

Oder: Von ersten Schritten zur Weltverbesserung

Der Anfang ist ein Blumenbeet. Als Nina Ross eines schönen Sommertags beschließt, die Welt zu einem besseren Ort zu machen, ist das der erste Schritt in ein nicht nur für sie persönlich bemerkenswertes Abenteuer. Zunächst ist es vor allem der Schritt in den Garten einer alten Nachbarin. Dort wartet eine Palette voll Ringelblumen darauf, eingepflanzt zu werden. Die Nachbarin jedoch hat ein Gipsbein und daher den Versuch der Gartenarbeit bald frustriert aufgegeben. Nina überlegt nicht lange, schleicht sich in einem unbemerkten Moment in den Nachbargarten – und wenig später schmückt ein sonnig-buntes Blumenbeet den Garten, zur großen und freudigen Verblüffung der alten Frau. Das Blumenbeet ist ein Anfang: nicht weniger als der Anfang von dem, was in Ninas Welt in diesen Sommerferien noch alles um sie herum und mit ihr geschehen soll. So beginnt die von der amerikanischen Autorin Michele Weber Hurwitz in einem Jugendbuch erzählte Geschichte von der 13-jährigen Nina, die mit kleinen, heimlichen Interventionen *die Welt in 65 Tagen besser machte*.

Der Anfang kann auch ein Baumschnitt sein. Ganz und gar nicht fiktiv oder heimlich so geschehen in der kleinen oberfränkischen Gemeinde Nordhalben: Über Jahrzehnte von Abwanderung (besonders auch der jungen, gut ausgebildeten Menschen) geprägt und gezeichnet, galt es dort, einer sich immer mehr breit machenden Resignation entgegenzutreten. Eine Hand voll engagierter Menschen hatte sich daher vorgenommen, den Heimatort wieder schöner und lebenswerter zu machen. Die Frage aber war: »Wie fangen wir an?« – Im Gespräch mit Bewohnerinnen und Bewohnern von Nordhalben über das zunehmend heruntergekommene Ortsbild stellte sich neben anderen Ursachen bald ein überraschender, gleichzeitig fast banaler Grund für den mangelnden Verschönerungswillen der BürgerInnen (und HausbesitzerInnen) heraus: die alten, hohen und schon zu lange nicht mehr zurechtgestutzten Baumbestände entlang der Straßen. Wo zu wenig Licht hinkommt und zu viel Laub nur Arbeit und Dreck macht, endet die Vision vom »Schöner Wohnen« oft schon dort, wo wieder einmal die Dachrinnen verstopft sind und gesäubert werden müssen. Der folgende, gemeinschaftlich organisierte und fachmännisch durchgeführte Baumschnitt war ein Anfang: Denn die BürgerInnen stellten fest, hier tut sich ja was, hier werden unsere Anliegen ernst genommen, hier wird nicht nur geredet, sondern in der Konsequenz auch wirklich gehandelt. Bernd Daum, einer der Initiatoren der Aktivitäten in Nordhalben, spricht von dieser Erfahrung als einer »Initialzündung für weiteres Engagement« – ein Baumschnitt also eröffnete dem verschlafenen Ort den Weg zu einem gemeinschaftlichen Aufblühen, das bis heute anhält und Früchte zeigt.

Von Aktionen nach Heinzelmännchen-Manier im Kleinen und Verborgenen bis zu Projekten einer Bürgerinitiative im größeren Stil – die Landschaft bürgerschaftlichen Engagements ist ein bunter und vielfältiger Garten. Und ob Ringelblumen oder Baumpflege, allen Initiativen gemeinsam ist der Moment, in dem unübersehbar klar wird: Hier *muss* sich etwas tun, und vor allem: *Das* muss sich hier tun! Es ist möglich, die Welt zu verändern. So einfach ist die Kernbotschaft im Grunde. Es ist möglich, auch mit kleinen Handlungen, die Menschen glücklicher zu machen. Es ist vor allem dann möglich, wenn Menschen gemeinsam etwas tun. Durch gemeinsames Tun und durch das Erfahren von (neu erlebter) Gemeinschaft können Menschen zu ihrer Umgebung besser »Ja« sagen und ihr Umfeld besser wertschätzen.

Wie kann man aber einen Anfang machen, wie kann man beginnen, die Welt zu verändern? Veränderung wird genährt von der Sehnsucht oder dem ernsthaften Wunsch nach einer besseren Welt; Veränderung verlangt einen Blick für die vorhandenen, verfügbaren und erschließbaren Möglichkeiten, das heißt sowohl für die einzelnen Menschen und ihre Potenziale als auch für die jeweiligen Situationen und die jeweils zugänglichen Ressourcen. Sehnsucht bzw. starke Wünsche, Potenziale und Möglichkeiten waren auch in Oberfranken ausschlaggebend. Die Leute dort wollten ihrem Nordhalben nicht mehr länger beim Verfallen und Verlassenwerden zusehen, der Wunsch nach Veränderung zum Schöneren war Triebfeder, sich einzubringen; sie hatten die Bereitschaft, zu bleiben, und sie hatten dank der Initiative die Möglichkeit zum Handeln und dazu, in ihrem Umfeld etwas anzustoßen; sie fanden Wege, auch MitbürgerInnen und schließlich wichtige EntscheidungsträgerInnen mit ins Boot zu holen und zum Mitdenken und Mittun zu bewegen, also verfügbare Potenziale zu nutzen und weitere Potenziale zu erschließen. Ninas »Sehnsucht« hingegen ist zunächst nicht eindeutig auf ein Ziel gerichtet. Sie erlebt am ersten Tag der Sommerferien vielmehr eine eher latente Unzufriedenheit, ein eher diffuses Gefühl, etwas tun und etwas ändern zu wollen. Doch dann springen ihr die Ringelblumen der verletzten alten Nachbarin ins Auge wie eines jener Dinge, von denen Ninas Großmutter immer gesagt hatte, dass sie »genau dann« passieren, »wenn sie passieren sollen«. Es ist eine der vielen großmütterlichen »einfachen Wahrheiten des Lebens«, die sich immer wieder bewähren. Und sie führt hier zum Entschluss. Für Nina ist an diesem Punkt klar: »*Steh auf. Tu etwas. Sofort.*«

Veränderung als gewollte Weltverbesserung braucht solche klaren Entscheidungen. Veränderung braucht weiters (wenn sie nicht so heimlich wie in Ninas Beispiel erfolgen soll) Unterstützung und Vertrauen von anderen Menschen, welche die Veränderung mittragen oder auch ermöglichen. Das haben nicht nur die Leute in Nordhalben innerhalb ihrer Gemeinschaft erfahren, Leute, die sich auf einmal gesehen und ernst genommen gefühlt haben und aus diesem Gefühl den Ansporn und den Mut schöpfen konnten, nun auch selbst und gemeinsam mit anderen etwas anzupacken; so ging es auch den vielen Menschen, die sich an so vielen unterschiedlichen Orten an Weltverbesserungsprogrammen wie dem österreichischen Sozialfestival *Tu was, dann tut sich was.* oder dem britischen (und viel, viel größeren) Beteiligungsprojekt *Big Local* beteiligt haben, um hier nur zwei Beispiele für derartige Initiativen anzusprechen. Hier kommt ein Anstoß von außen, über Veränderung nachzudenken, ein Angebot von außen, Mittel für Weltverbesserungsaktivitäten (als finanzielle Unterstützung, organisatorisches Knowhow, hilfreiche Kontakte …) zur Verfügung zu stellen. Das ändert aber nichts daran, dass es auch hier um Sehnsucht bzw. starke Wünsche, um Potenziale und Möglichkeiten vor Ort geht. Ein Anstoß von außen kann enorm wichtig sein, finanzielle Unterstützung für die Umsetzung von Vorhaben ist es allemal. Von zentraler Bedeutung ist aber noch eine ganz andere Währung, die hier ins Spiel kommt: Interesse, Aufmerksamkeit und vor allem Vertrauen. Der Umstand und die Erfahrung, dass hier nicht Institutionen (ob Organisationen oder Behörden und Ämter) »von oben« entscheiden, was geschieht, sondern dass es um die lokale Expertise der Leute vor Ort geht, darum, was die Leute selbst wünschen, wissen und können, kann einen großen Unterschied machen. So können Wünsche stark werden und zu einer Sehnsucht nach Weltverbesserung werden. So können Potenziale geweckt werden, weil ein als wichtig wahrgenommener Akteur in sie vertraut. So können Möglichkeiten erschlossen werden, weil Mittel dafür da sind. Eine Teilnehmerin an *Tu was* hat davon gesprochen, wie enorm wichtig es gewesen sei, von Seiten der Organisatoren »großes Interesse« zu spüren, und dass dies sowohl »hilfreich für die Schärfung der Idee« wie auch wesentlich für deren Umsetzung gewesen sei. So sollten auch große Programme eine Wertschätzung dessen mitbringen, was für die Weltverbesserung im Kleinen entscheidend ist: lokales Wissen.

Damit sind wir bei einer weiteren Voraussetzung für Weltverbesserung, denn gute und fruchtbare Veränderung bei denen, die Veränderung hervorbringen wollen, setzt auch ein Verständnis von der Ordnung voraus, in der wir uns bewegen. Es braucht eine Grundkenntnis der vorgefundenen Umstände und Zustände, der Menschen, des Zumutbaren, der Komfortzonen und ihrer betretbaren und erweiterbaren Grenzbereiche (wie der Garten der Nachbarin, der vielleicht nicht gerade eine Tabuzone, aber jedenfalls ein zu eroberndes Terrain darstellt) wie auch der jeweiligen »Schlüssel« dazu, im räumlichen wie im sozialen Sinne gedacht. Nicht zuletzt deshalb kann es so sinnvoll und vielversprechend sein, (zunächst) die eigene – räumliche wie soziale – Nachbarschaft und das eigene Umfeld als wichtigsten Kontext der Weltverbesserung zu sehen.

Ohne hier ein Kochrezept entwickeln zu wollen, scheinen es zunächst also folgende Zutaten zu sein, die soziale Veränderung ausmachen: Sehnsucht, Möglichkeitssinn, Ordnungs- und Ressourcenverständnis, die klare Entscheidung, von Vertrauen getragene Unterstützung. Wir werden auf einiges davon in den Folgekapiteln noch zu sprechen kommen; wir werden aber auch sehen, dass es damit allein noch nicht getan ist. Als eine erste Erkenntnis lässt sich aber jedenfalls formulieren, dass eine »Logik der Veränderung«, nämlich einer sozialen Veränderung, die trägt und mitgetragen wird, auf Gemeinschaftszusammenhalt angewiesen ist und keine individualistische und solitäre Angelegenheit ist und sein kann. Diese Erfahrung macht übrigens am Ende eines langen Sommers auch Nina – auch derart, dass Veränderung zum Besseren nicht verborgen bleiben kann und dass Menschen nicht nur mit »Nörglertum« infizierbar sind, sondern dass auch – zumal überraschende – schöne Erfahrungen und die Freude darüber ansteckend sein können. Allen personifizierten Widrigkeiten zum Trotz blüht hier eine Nachbarschaft auf. Es ist in diesem Zusammenhang interessant, dass die lokale Strahlkraft guter gemeinschaftlicher Erfahrungen übrigens auch von der Glücksforschung bestätigt wird, wie Maike van den Boom in ihrer umfassenden, globalen Suche nach dem Glück und seinen Ursachen anhand wissenschaftlicher Studien zeigen kann. Das einschlägige Kapitel ihrer Recherche nennt sie entsprechend: »Mein Glück ist dein Glück«. Weltverbessern lohnt sich also.

Bleibt nur die Frage: Wie fangen wir nun an? Und womit? Die gute Nachricht ist hier, dass die Dinge und Antworten zumeist schon vorhanden sind, dass sie zahlreich und vielfältig sind und nur darauf warten, gesucht, gefunden und verwirklicht zu werden. So geschehen etwa in unserer ersten *Tu was*-Region: der Gedanke, einen gemeinschaftsstiftenden Second-Hand-Laden zu gründen, begleitete eine *Tu was*-Teilnehmerin schon lange, seit sie einmal zufällig auf einem Englandurlaub fasziniert in einer solchen Oase der Menschlichkeit und des gelebten Miteinanders gelandet war. Der *Tu was*-Aufruf, gute, umsetzbare Ideen zu nennen, war schließlich genau die Gelegenheit, die es zu nutzen galt. Jahre nach dem *Tu was*-Startschuss läuft der Laden immer noch und immer besser, die Idee ging auf und kann vielleicht auch Inspiration und Ansporn für andere sein, »einfach etwas zu tun«, so hofft die Initiatorin. – Nicht immer freilich springt einem das »Wie« und »Was« so ins Auge wie bei den Beispielen des Second-Hand-Ladens oder des Ringelblumenbeets. Manche Aktivitäten, die gesetzt werden wollen, und Veränderungen, die angegangen werden wollen, sind vielleicht nicht so offensichtlich, müssen vielleicht freigelegt werden. Die Sehnsucht und der Wunsch nach Veränderung müssen vielleicht vom Staub des Alltags und der Gewöhnung befreit werden. Dazu braucht es geeignete Gelegenheiten. In Nordhalben waren es gut gestaltete Gesprächsrunden und gemeinschaftliche Ortsbegehungen, die es ermöglichten, genauer hinzusehen, auf das so Naheliegende zu kommen und den wichtigen ersten Schritt (oder Schnitt) zu setzen; in den *Tu was*-Regionen (ähnlich wie in den britischen *Big Local*-Gemeinden) waren es wiederholte Aufrufe, »Anstupser«, Aussendungen und Anregungen zum Mitmachen über lokale und soziale Medien, bei Festen, in Workshops – und ebenfalls viele, viele persönliche Gespräche.

Thomas Röbke, in Bayern tätiger Experte für bürgerschaftliches Engagement, erinnert hier auch an jene Orte, die seit jeher »Orte des Miteinanders« und der gemeinschaftlichen Auseinandersetzung waren: die Agora, das Forum, der Marktplatz, der Dorfbrunnen, die Kirche und ihr Vorplatz ... Manche dieser Orte sind verloren gegangen, in ihrer sozialen Bedeutung oder auch ganz konkret physisch; aber wo es gelingt, entsprechende Räume wiederzubeleben oder neue, attraktive Foren und Formen des Austauschs zu schaffen, werden diese zumeist gerne angenommen und zum (Mit-)Gestalten im Kleinen genutzt. Das bestätigen auch die Erfahrungen der im Feld der Gesundheitsförderung angesiedelten Initiative *Auf gesunde Nachbarschaft!* – Oft bedarf es nur eines kleinen Anstoßes, einer simplen, vielversprechenden und ernst gemeinten Möglichkeit zum Austausch, damit sogenannte »schlafende Projekte« zum Leben erweckt werden können. Auch hier zeigt sich: Ganz viele Ideen warten nur auf ihre Umsetzung, ganz vieles ist eigentlich schon da, es muss nur entdeckt werden, man muss es nur sehen wollen.

Die ersten Schritte zur Weltverbesserung sind häufig Schritte aus dem Gewohnten heraus. Sie sind wohl die wichtigsten, sicherlich aber nicht die einfachsten. Der Schritt aus dem Gewohnten heraus kann gelingen, wenn er mit Achtsamkeit gesetzt wird (und das gilt für Engagier-Willige ebenso wie für Engagement-ErmöglicherInnen!), mit Achtsamkeit für die Beteiligten, Achtsamkeit für Wünsche, für Potenziale und für das Mögliche. Ergriffene Möglichkeiten können schließlich dazu führen, Selbstwirksamkeit zu erleben. Selbstwirksamkeit ist die Überzeugung und die Erfahrung, dass wir die Welt durch unser eigenes Tun und Handeln gestalten und verändern können, dass unser Handeln etwas bewegt und einen Unterschied macht, dass *wir* einen Unterschied machen. Eine Stärkung der Selbstwirksamkeit fördert Selbstbewusstsein, fördert Zufriedenheit, wirkt Resignation, frustrierenden Ohnmachtsgefühlen und Zynismus entgegen. Durch die Selbstwirksamkeit steigt die Lebensfreude, steigt die Fähigkeit, »Ja« zum Leben zu sagen, weil wir aus dem Gefühl heraus leben können, Welt gestalten zu können und nicht übermächtigen Umständen ausgesetzt zu sein. Daraus kann auch ein Appell folgen, zum Beispiel eben dieser: »Tu was!« – Werde aktiv, nimm die Dinge in die Hand, setze den ersten Schritt! Und du wirst sehen: Es wird eine Veränderung bewirken, es wird Früchte tragen, es wird auch zum nächsten Tun führen.

Dabei geht es auch um eine gewisse Kreativität. Kreativität hat hier mit Kleinigkeiten und mit einem Blick für Details zu tun, mit einem mit einer gewissen sozialen Phantasie gepaarten Blick dafür, was vielleicht fehlt und was sein könnte. Der amerikanische Aktivist Jay Walljasper spricht hier auch von einer Philosophie des »changing the world one block at a time« und regt damit an, die Welt so zu verbessern, dass man mit einer bestimmten Häuserzeile oder Straße anfängt, in anderen Worten dort, wo man sich auskennt, in der Umgebung, für die man einen Blick hat. Das ist im Grunde das, was Nina in ihrer Straße tut. Das ist, was die vielen *Tu was*-Teilnehmenden gemacht haben. Viele Veränderungen im Kleinen, viele veränderte Details ergeben am Ende zusammen ein verändertes, neues Bild.

Nochmals: Veränderung beginnt mit Achtsamkeit, mit einem Wollen und einer Bereitschaft zum Tun wie auch zum Zulassen dessen, was dann geschehen mag. Veränderung beginnt vor allem aber immer mit einem entscheidenden ersten Schritt. Es gab einmal ein Plakat: »Wie man eine Revolution plant«. Wenn uns die Erinnerung nicht täuscht (und wenn doch, ist es schön erfunden), lautete ein kluger Punkt darauf: »Vergiss deine Feinde«, also handle nicht aus Frustration und Verbitterung, handle nicht aus Neid, handle nicht im »Wettkampfmodus«. Und ein weiterer Punkt, vielleicht der wichtigste, egal ob es um große oder kleine Revolutionen und Veränderungen der Welt geht, besagt: »Fang irgendwo an!« Die Möglichkeiten dazu, einen Unterschied zu machen, sind da – und sie sind bunt und vielfältig!

LITERATUR UND QUELLEN:

Daum, Bernd: Nordhalben Aktiv – Möglichkeiten des Engagements in einer schrumpfenden Kommune. In: Magel, Holger (Hg.): Bürgerschaftliches Engagement in ländlichen Kommunen. Zwischen Wunsch und Wirklichkeit. 14. Münchner Tagung der Bodenordnung und Landentwicklung 2012, 79–84.

Kapferer, Elisabeth et al. (Hg.): Sozialatlas Lungau. Ideen und Projekte für ein besseres Zusammenleben. Wien: mandelbaum verlag 2012.

Katzlberger, Susanne: Gemeinsam Zukunft denken. Begleitung und Entwicklung von Integrationsprojekten am Beispiel des Sozialfestivals *Tu was, dann tut sich was*. Projektarbeit im Rahmen des Universitätslehrgangs Migrationsmanagement. Salzburg 2017.

Röbke, Thomas: Vernetzen, beraten, ermöglichen. Strukturen für Engagement. Bertelsmann Stiftung et al. (Hg.): Zivilgesellschaft KONKRET 3/2014 (ZiviZPraxis – Zivilgesellschaft in Zahlen).

Rohrauer-Näf, Gerlinde et al.: »Auf gesunde Nachbarschaft!« – Erprobung niederschwelliger Zugänge zur Förderung der Gesundheit älterer Menschen durch soziale Teilhabe und soziale Unterstützung. In: FGÖ (Hg.): Faire Chancen gesund zu altern. Wien 2018, 71–82.

Van den Boom, Maike: Wo geht's denn hier zum Glück? Meine Reise durch die 13 glücklichsten Länder der Welt und was wir von ihnen lernen können. Frankfurt am Main: Fischer Taschenbuch 2016.

Weber Hurwitz, Michele: Wie ich die Welt in 65 Tagen besser machte. Aus dem Amerikanischen von Angelika Eisold Viebig. Frankfurt am Main: Fischer 2014.

localtrust.org.uk/our-work/big-local
nordhalben-aktiv.blogspot.com
tu-was.at

EINE FRAGE DER PERSPEKTIVE!

Oder: Was siehst denn du, was ich nicht seh?

Ein bekanntes Kinderspiel hat den sprechenden Namen »Ich sehe was, was du nicht siehst!« Man sucht sich in der unmittelbaren Umgebung einen Gegenstand aus, und die Mitspielenden müssen anhand eines alleinigen Hinweises auf dessen Farbe erraten, was gemeint ist. Dieses kleine Spiel kann nicht nur kurzweilig sein, es ist auch deshalb interessant, weil es uns aufzeigen kann, wie individuell unterschiedlich und gleichzeitig wie beeinflussbar unsere Wahrnehmung doch ist. Während es für uns als RätselstellerInnen zum Beispiel völlig plausibel ist, dass es sich bei dem gesuchten »dunkelblauen Etwas« um den Schraubverschluss einer Trinkflasche handelt, kann sich für die Rätselnden eine ganze Welt voller dunkelblauer Dinge öffnen (nur unser Schraubverschluss wird vielleicht übersehen). Während wir selbst ganz fokussiert auf »unseren dunkelblauen Sachverhalt« sind, erleben die Mitspielenden einen klaren Fall von Horizonterweiterung, inklusive der Überraschung darüber, wie viel Dunkelblau es um uns herum doch gibt.

Was hat das mit Weltverbesserung zu tun? Einiges, kann man sagen. Wer sich als Erwachsene oder Erwachsener mit Kindern auf dieses Rätselraten einlässt, wird vielleicht überrascht sein, welche Details diesen kleinen Menschen in den Blick kommen und als das fragliche »… und das ist dunkelblau!« in Betracht kommen. Was diese Kinder alles sehen! Womöglich wird man über die vielfältigen Anläufe, das Rätsel zu lösen, auf etliche dunkelblaue Dinge hingewiesen, die man selbst überhaupt nicht gesehen hätte? Aus dem »Ich sehe was, was du nicht siehst!« kann somit unverhofft auch ein »Was siehst denn du, was ich nicht seh?« werden – und das wiederum wäre ja nicht der schlechteste Einstieg, um gemeinsam über kleine Möglichkeiten der Weltverbesserung und mögliche Stellschrauben für ein gutes, ein besseres Zusammenleben nachzudenken. Es wäre auch nicht der schlechteste Einstieg, um darüber nachzudenken, wie die Perspektiven und Sichtweisen anderer Menschen unsere eigenen blinden Flecke eventuell erhellen könnten und wie man denn zu einem Austausch unterschiedlicher Sichtweisen und Blickwinkel gelangen könnte.

Weltverbesserung für ein gutes Zusammenleben setzt ja voraus, dass wir Gelegenheiten und Ansatzpunkte für gute und sozial förderliche Aktivitäten erkennen. Nicht immer gelingt dies aus unserem gewohnten, üblichen Blick auf die Welt heraus. Solange wir uns im Gewohnten aufhalten und bewegen, in der »Komfortzone«, in der wir uns eingerichtet haben, werden uns solche Gelegenheiten vielleicht verborgen bleiben, weil wir die Welt so sehen, wie sie für uns (zumeist) ja doch ganz in Ordnung ist. Die Welt, wie wir sie sehen, ist aber eventuell nur die halbe Wahrheit. Das hat auch die amerikanische Autorin und Kognitionsforscherin Alexandra Horowitz erfahren, als sie begonnen hat, ihre regelmäßigen Spaziergänge mit dem Hund um den Block gemeinsam mit ganz unterschiedlichen weiteren Personen zu unternehmen. In Begleitung einer blinden Frau etwa kann der altbekannte Weg durchs Viertel auf einmal ganz anders aussehen und einen vor ganz andere Herausforderungen stellen als allein mit dem Vierbeiner. Das Buch, welches Horowitz über ihre Erlebnisse geschrieben hat, trägt den Titel »Von der Kunst, die Welt mit anderen Augen zu sehen« und unterstreicht im Untertitel das »Vergnügen der Aufmerksamkeit« – nämlich der Aufmerksamkeit für das, was nicht in den Bereich des Gewohnten fällt.

Die Aufmerksamkeit, die Horowitz meint, bezeichnet eine Art und Weise, durch den Alltag und durch die Welt zu gehen, in der das, was wir sehen und bemerken, *nicht* alleine das ist, was wir ohnehin zu sehen und zu bemerken *erwarten*. Wenn wir eilig in die Arbeit gehen, sehen wir dann nur die (wie immer!) rote Ampel, vor der wir (wie immer!) stehen bleiben müssen? Oder nehmen wir auch die Gehsteigkante vor unseren Füßen wahr, die für den Menschen neben uns zum vielleicht sogar unüberwindbaren Hindernis wird? Genau mit einem solchen Blick haben einige Leute im salzburgischen Lungau im Rahmen von *Tu was, dann tut sich was.* ihren Bezirk unter die Lupe genommen. Die Aufforderung »Tu was!« wurde somit umgesetzt im Sinne eines »Schau genau hin!« – Herausgekommen ist aus dieser Orts- bzw. Bezirkserkundung ein umfangreicher und detaillierter Online-Wegweiser durch unterschiedlichste Wirtschafts-, Tourismus-, Kultur- und Freizeitangebote in der Region: »Lungau für alle«. – Für alle: Denn was Rolli-FahrerInnen guttut, hilft auch Menschen, die einen Kinderwagen dabeihaben oder die auf eine Gehhilfe angewiesen sind. Und noch einmal, *für alle*: Denn die Projektbetreiber, die selbst Rolli-erfahren sind und entsprechend Expertise und Wissen mitbringen, unterstützen beim Perspektivenwechsel und beraten gerne, wenn es darum geht, den öffentlichen oder halböffentlichen Raum mobilitäts- und mitmenschenfreundlicher zu gestalten sowie blinde Flecken und Stolpersteine aus dem Weg zu räumen.

Wie wir die Welt sehen, hat nicht nur mit deren physischer Erscheinung und unserer jeweiligen Wahrnehmung davon zu tun. Wie wir die Welt sehen, hat auch eine wichtige, wirksame soziale Dimension. Ein Perspektivenwechsel hat somit auch viel mit Kommunikation und Information zu tun, und neben den offensichtlichen Effekten der Bemühungen von »Lungau für alle«, nämlich physische, mobilitätshinderliche Barrieren zu beseitigen, unterstützt das Projekt in diesem Sinne auch das wechselseitige Verständnis von Menschen bzw. Gruppen mit unterschiedlichen Voraussetzungen, Bedürfnissen und Möglichkeiten. Auch so geht Weltverbesserung: durch Übersetzung zwischen Lebenswelten, die sich hinsichtlich ihres Erfahrungswissens nicht immer überschneiden. In manchen Lebensbereichen, so eben auch hinsichtlich der sogenannten Barrierefreiheit im Gestaltungsbereich von Mobilität und baulichen Maßnahmen, zählen Perspektivenvielfalt und in der Folge Perspektivenrücksicht immer mehr zur guten Praxis. In etlichen anderen Bereichen ist das nicht der Fall. Die Sichtweisen bestimmter sozialer Gruppen werden oft weit weniger stark wahrgenommen beziehungsweise, nochmals in der Diktion von Horowitz formuliert, mit Unaufmerksamkeit, ja Unachtsamkeit bedacht. Die Rede ist von Gruppen, die aus unterschiedlichen Gründen nicht am gemeinschaftlichen Aushandeln sozialer Rahmenbedingungen beteiligt sind oder beteiligt sein können: weil sie die nötigen Ressourcen nicht haben, weil es ihnen nicht zugetraut wird oder sie nicht als zuständig betrachtet werden, nicht zuletzt auch, weil sie von jenen, in deren Händen das Gestalten des Zusammenlebens liegt, schlichtweg übersehen werden. Die Frage der Perspektive hat somit ganz spezifisch auch eine soziale Dimension. Die Frage der Perspektive ist nämlich auch die Frage danach, wessen Perspektive zählt und ins Gewicht fällt, wessen Perspektive das »Übliche« und »Gewohnte« ausmacht und prägt.

Wir können die (im Vergleich zu unseren eigenen vielleicht abweichenden) Umstände, Haltungen, Sichtweisen oder auch Handlungen (und deren Hintergründe) anderer aber nur verstehen, wenn wir sie auch kennen. Um sie zu kennen, müssen wir Wege finden, sie kennenzulernen. Viele gute Beispiele der Weltverbesserung im Kleinen setzen genau hier an.

Was, wenn zum Beispiel Jugendliche nach ihrer Perspektive zum »Miteinander« im öffentlichen Raum gefragt werden? Darum kümmerte sich beispielsweise im schwäbischen Esslingen das »Jugend.Stadt.Labor« *Tante Gerda*: Unter dem titelgebenden Motto »Wunder Punkt« waren Jugendliche in einem Projekt aufgefordert, mit Plaketten und selbst verfassten Kommentaren auf konkrete, aus ihrer Sicht ungenützte oder zu wenig genützte Orte einzugehen und Verbesserungsvorschläge zu ihrer künftigen besseren Nutzung zu unterbreiten. Damit war es ihnen auch möglich, ihre Bedürfnisse und Vorstellungen im Stadtbild unmittelbar sichtbar zu machen – auch für die restliche Stadtgesellschaft von Esslingen, der hier ein Angebot zum Perspektivenwechsel quasi auf dem Tablett serviert wurde. Tatsächlich ergaben sich aus so manchem »wunden Punkt« Impulse für eine gute und jugendfreundlichere Stadtentwicklung, vor allem aber konnte ein interessierter und wertschätzender Austausch zwischen den Generationen und Institutionen in Gang gebracht werden. So entwickelte sich ein besseres Miteinander der vermeintlich aufmüpfigen Jugendlichen und der zuvor vor allem als borniert erlebten älteren StadtbewohnerInnen. Gleichzeitig führte das Projekt zu neuen, positiveren Blickwinkeln der vormals als eher weniger kooperativ wahrgenommenen Stadtverwaltung auf die Esslinger Jugend. Das führte in der Folge zu weiteren erfolgreichen Aktivitäten von *Tante Gerda* im öffentlichen Raum, für alle BewohnerInnen von Esslingen.

Übrigens: Keineswegs muss der Fokus dabei immer ausschließlich auf den »wunden Punkten« des jeweiligen Lebensraumes liegen, im Gegenteil. Könnte ein Perspektivenwechsel nicht auch die Aufmerksamkeit auf die »Pluspunkte« unserer geteilten Umgebung, unserer jeweiligen kleinen Welt, lenken? Die Welt, wie wir sie gewohnheitshalber sehen und als ganz in Ordnung ansehen, ist, wie gesagt, eventuell nur die halbe Wahrheit. Vielleicht ist sie, durch die Augen anderer gesehen, sogar noch etwas mehr in Ordnung? Das bringt uns zurück zum eingangs angesprochenen »Ich sehe was, was du nicht siehst«. Wenn der Perspektivenwechsel bereitwillig unternommen wird und gelingt, vielleicht ist die Weltverbesserung im Kleinen dann ja sogar ein Kinderspiel?

Diese Erfahrung haben die AnrainerInnen und NutzerInnen einer Parkanlage im 15. Wiener Gemeindebezirk gemacht. Das Leben in der Nachbarschaft war hier durch Konflikte hinsichtlich der Nutzung der Freiflächen zwischen den Wohnanlagen überschattet, geht doch lebhaftes Spielen leider häufig mit einem erhöhten Lärmpegel einher, und nicht jeder beherzt geschossene Fußball trifft sein Ziel … Hier haben sich Betroffene – vorwiegend ältere BewohnerInnen der umliegenden Anlagen, vorwiegend mit Migrationsgeschichte – als zuständig erklärt und beschlossen, etwas zum Besseren zu unternehmen. Unterstützt (und auch bestens dokumentiert) von der Gebietsbetreuung der Gemeinde konnte zunächst ein moderierter und begleiteter Dialogprozess initiiert werden, bei dem über eine Parkbegehung und ein Parkfest für alle NachbarInnen und NutzerInnen der Grünanlage erste Annäherungen ermöglicht wurden. In der Folge wurden Gesprächsrunden und Workshops veranstaltet, die den Austausch und weitere Aktivitäten zum guten Miteinander beförderten. So wurde zum Beispiel eine regelmäßige, generationenübergreifende Parkbetreuung eingerichtet. Bei vielfältigen Sport-, Spiel- und Bastelaktionen sowie zahlreichen Parkcafés konnten sich die jungen ParknutzerInnen (wie auch deren erwachsene Begleitpersonen) und die älteren BewohnerInnen besser kennenlernen. Dabei kam es durchaus zu Überraschungen: War der Kontakt zu den älteren Leuten vorher häufig auf Beschwerden aufgrund des Lärms reduziert, zeigten sich nun so manche der jüngeren Erwachsenen über die Qualitäten und die Geduld der Älteren überrascht – wenn diese etwa mit den Kindern auch »nach dem 10. Kartenspiel noch lächelnd am Tisch saßen«. Der Perspektivenwechsel gelang hier gleich entlang mehrerer (nicht nur potenzieller) Konfliktachsen zwischen unterschiedlichen Generationen und Kulturen. Mit dem gemeinsam geschaffenen *Park(T)Raum für ein gutes Miteinander*, der maßgeblich von Freiwilligen aus den unterschiedlichen beteiligten Gruppen mitgetragen wurde, gelang es, zu einem deutlich besseren Verständnis der Beteiligten füreinander beizutragen, Barrieren in den Köpfen abzubauen und unterschiedliche Interessen sehr viel besser als zuvor unter einen Hut zu bringen.

Im größeren Zusammenhang wird der Perspektivenwechsel oftmals erleichtert, wenn (wie im Falle des *Park(T)Raums* oder von *Tante Gerda*) engagierte Personen oder Institutionen, Initiativen wie auch öffentliche Stellen als ErmöglicherInnen auftreten und konkrete Angebote machen, damit Menschen sich und ihre Bedürfnisse ausdrücken, mitteilen und zur Diskussion stellen können. Ein entscheidender Faktor für das Gelingen ist dabei, dass wirklich *alle*, die das wollen, auch tatsächlich die Möglichkeit haben, sich zu beteiligen und gehört zu werden. Auch das erfordert Achtsamkeit.

Die AutorInnen des baden-württembergischen Methodenhandbuchs »(Neu)Land gestalten« weisen zu Recht darauf hin, dass manche Perspektiven schon alleine durch die Wahl des Beteiligungsformats unter den Tisch fallen können. Wenn die Möglichkeit, sich einzubringen, darin besteht, sich abends in einer »offenen Aussprache« im Gemeindesaal vor hunderten Menschen zu äußern, werden das sicher einige Leute nützen. Viele aber auch nicht. Wer? Vielleicht jene, die Scheu haben, vor vielen Menschen oder überhaupt öffentlich zu sprechen. Jene, die die hiesige Sprache nicht so gut beherrschen. Oder jene, die gar nicht anwesend sind, weil sie um diese Zeit daheim Betreuungspflichten haben … Projekte wie der *Park(T)Raum* oder *Tante Gerda* gelingen unter anderem deshalb, weil sie hier andere Wege gehen. Weil sie die Sprache der Angesprochenen sprechen (auch im Sinne von Mehrsprachigkeit), weil sie zeitlich entweder flexibel genug oder an die Möglichkeiten der Beteiligten angepasst sind, weil sie kreative Formen des Ausdrucks (etwa Skizzen, Fotos, einzelne Stichwörter …) mitdenken, die nicht zwingend sprachliche Eloquenz voraussetzen, und somit Raum für andere Perspektiven öffnen. Und nicht zuletzt: Weil sie die Ansichten und Bedürfnisse aller Beteiligten ernst nehmen und damit – gemeinsam – weiterarbeiten. In Richtung ErmöglicherInnen ist in diesem Sinne wichtig, was die Verfasserin des Leitfadens zur gelingenden Bürgerbeteiligung des Landes Niederösterreich, der besonderes Augenmerk auf die Beteiligung von Jugendlichen legt, betont. Wenn der Einladung, sich zu äußern, von der adressierten Zielgruppe tatsächlich auch gefolgt wird, dann hat zu gelten: »Einfach einmal zuhören (ohne wenn und aber)«.

Wenn der Wunsch nach einem guten Zusammenleben in einer vielfältigen Gesellschaft ernst genommen wird, muss für Perspektivenvielfalt Platz sein. Für die Weltverbesserung im Kleinen kann das durchaus bedeuten, dass ungewohnte Themen aufkommen, die nicht zwingend den Betrachtungsweisen der (vielleicht bereits engagierten) »Mehrheitsgesellschaft« entsprechen – die aber gerade deswegen keinesfalls unwichtig, sondern vielmehr umso wichtiger sind. Auch die Macher von *Big Local* weisen in ihren Dokumentationen darauf hin, dass es wichtig ist, bei Beteiligungsprogrammen von unten darauf zu achten, dass nicht (wieder einmal) nur die Lautesten Gehör und Aufmerksamkeit finden und diejenigen sind, die das Bild davon festlegen, was eine Gemeinschaft braucht und will. Joi Ito, der Leiter des MIT Media Lab, eines interdisziplinären Forschungszentrums, hat Ähnliches in einem Interview mit der Wochenzeitung *Die Zeit* etwas rustikaler so formuliert: »Gibt man jedem eine Stimme, sind die Arschlöcher die Lautesten. Sie übertönen alle anderen.« Die Lautesten sind sicherlich nicht immer »Arschlöcher«, aber sie sind auch sicherlich nicht immer diejenigen, die, in welcher Weise auch immer, unter den geltenden sozialen Gegebenheiten leiden.

Weltverbesserung zum guten Zusammenleben kann (von der »Mehrheitsgesellschaft«, von den Tonangebenden, den Lautesten) durchaus verlangen, aus dem Komfortzonen-Dasein herauszutreten. Das ist nicht immer einfach und schon gar nicht selbstverständlich. An anderer Stelle, nämlich in seinem Vorwort zu Zaid Hassans Buch »The Social Labs Revolution«, hat Joi Ito unterstrichen, dass die Herausforderungen, vor denen Gesellschaften und die Menschheit auch in großem Stile stehen, nicht »von oben« und auch nicht allein »technisch« bewältigt werden können, sondern ihnen nur dann gut begegnet werden kann, wenn die Perspektiven und das Wissen der unmittelbar Betroffenen berücksichtigt werden, wenn »the people« mit eingebunden sind. Und was für die Rettung der Welt im Großen gelten darf, gilt für die Weltverbesserung im Kleinen wohl erst recht.

LITERATUR UND QUELLEN:

Amt der NÖ Landesregierung, Abteilung Raumordnung und Regionalpolitik (Hg.), Arbter, Kerstin: Ortsplanung mit der Bevölkerung. Identität aufbauen, Gemeinschaft stärken, Verantwortung teilen. Das Handbuch zur BürgerInnenbeteiligung in der örtlichen Raumplanung für Niederösterreich, Wien–St. Pölten 2013.

Big Local: Beyond the Early Years. Our Bigger Story. The Longitudinal Multi Media Evaluation of Big Local 2015–2016. Local Trust 2017.

Bundesinstitut für Bau-, Stadt- und Raumforschung (BBSR) im Bundesamt für Bauwesen und Raumordnung (BBR) (Hg.): Jugend.Stadt.Labor. Wie junge Menschen Stadt gestalten. Bonn 2016.

Hassan, Zaid: The Social Labs Revolution. A New Approach to Solving Our Most Complex Challenges. Foreword by Joi Ito. San Francisco: Berrett-Koehler 2014.

Horowitz, Alexandra: Von der Kunst, die Welt mit anderen Augen zu sehen. Elf Spaziergänge und das Vergnügen der Aufmerksamkeit. Berlin: Springer Spektrum 2013.

Initiative Allianz für Beteiligung e. V.: (Neu)Land gestalten! Methoden und Praxisbeispiele für Bürgerbeteiligung in kleinen Städten und Gemeinden. Stuttgart 2016.

Köck, Maria et al.: Park(T)Raum. Für ein gutes Miteinander. Handbuch zum Modellprojekt für generationenübergreifende Zusammenarbeit in öffentlichen Räumen. Wien: 2008.

Peitz, Dirk (Interview mit Joi Ito): »Gibt man jedem eine Stimme, sind die Arschlöcher die Lautesten.« In: Die Zeit, 9. September 2018.

lungau-fuer-alle.at

DIE WELT AUS DEN ANGELN HEBEN

*Oder: Warum gute Veränderung und gute Verankerung
sich nicht ausschließen*

Im Kapitel »Fang irgendwo an!« wurde unter anderem auf folgende »Zutaten« der Weltverbesserung als bedeutsame Ingredienzien hingewiesen: Möglichkeitssinn, Ressourcen- und Ordnungsverständnis sowie eine gute Grundkenntnis über soziale und räumliche Gegebenheiten des betreffenden Umfelds. Im Kontext der Weltverbesserung mögen solche Hinweise zunächst vielleicht wenig revolutionär klingen – ganz besonders im Ohr von Leuten, die am liebsten die Welt aus den Angeln heben wollen. Aber schon Archimedes im antiken Griechenland wusste, dass alles Wollen allein nichts hilft, wenn man nicht über ausreichend Orts- und Ordnungskenntnis verfügt oder einem dabei nicht geholfen wird. »Gib mir den Ort, an den ich hintreten kann, und ich bewege die Welt«, soll er nach einer der überlieferten Übersetzungen gesagt haben.

Das Zitat ist in wenigstens dreierlei Hinsicht bemerkenswert. Zunächst spricht es die schier unglaublichen Potenziale an, die in Menschen stecken, wenn die Rahmenbedingungen stimmen: Ja, es ist möglich, die Welt zu bewegen!

Es benennt diese Potenziale dann aber mit zwei klaren Verweisen auf Voraussetzungen und Notwendigkeiten, nämlich mit den Hinweisen auf die Standort- sowie auf die Ordnungsgebundenheit von Weltveränderung. Man muss den richtigen Ort kennen; und man muss die geltenden (hier: die physikalischen) Gesetzmäßigkeiten kennen, um die Welt zu bewegen, aus den Angeln heben zu können – man muss die Hebelfunktion und den geeigneten Ansatzpunkt kennen; das ist die räumliche, physikalische Seite.

Das Zitat spricht schließlich aber auch ein »Du« an, das mithelfen soll, das Rat geben soll – ohne dieses Gegenüber gelingt die Weltveränderung offenbar nicht: Der die Welt verändern will, ist auf den Rat und die Unterstützung eines »Du« angewiesen. Der einzelne Mensch mag Bärenkräfte haben, aber ohne ein Miteinander, ohne Wissens-, Erkenntnis- und Erfahrungsaustausch etwa, verpufft auch die größte Kraft. So kommt selbst beim alten Archimedes bereits das Soziale ins Spiel. Archimedes ist übrigens auch ebenjener – durchaus revolutionäre – griechische Denker und Naturwissenschaftler, von dem der berühmte Ausruf stammen soll: »Heureka!« – Ich hab's gefunden! Und auch wenn es bei ihm dabei weniger um Ideelles als vielmehr um sehr Materielles ging, nämlich um die Identifizierung von Gold (bzw. seiner Fälschung) aufgrund der unterschiedlichen Dichte unterschiedlicher Metalle: Ums Erkennen und Finden, um ein Licht, das einem plötzlich aufgeht, um Türen und Fenster, die sich plötzlich öffnen, um Möglichkeiten, die sich plötzlich zeigen, geht's immerhin auch in der Weltverbesserung! Heureka!

Ja, es braucht Kooperation; das heißt auch, es braucht die Bereitschaft, sich auf sein Umfeld einzulassen, es braucht Wissen über das Umfeld, und, wo nötig, braucht es Menschen, die einen begleiten und unterstützen und mit anpacken. Es braucht Achtsamkeit im Hinblick auf andere, nicht zuletzt auf die, die unterstützen können, weil sie vielleicht eine bessere Orts- und Ordnungskenntnis haben. Diese Feststellung lässt sich freilich auch aus der anderen Richtung denken: Unverzichtbar sind auch jene Menschen, die Potenziale erkennen und Menschen als Weltverbesserer wirksam werden lassen. Menschen, die Mut zusprechen. Einer, der davon erzählen kann, ist ein junger Mann aus Österreich mit einer sehr interessanten Geschichte – in seinen eigenen Worten vom Flüchtling und Schulabbrecher zum internationalen (und, wollen wir ergänzen, sozial wirksamen) Unternehmer: Ali Mahlodji. Mahlodji hatte als Jugendlicher nämlich eine Vision, er wollte sozusagen die berufliche Ortskenntnis seiner selbst wie auch seiner AltersgenossInnen erhöhen. Konkret wollte er einen umfassenden Katalog an Lebensgeschichten vom Lehrling bis zur Bundespräsidentin erstellen und damit allen Jugendlichen helfen, sich bei der Antwort auf die Frage zu orientieren: »Was willst du denn aus deinem Leben machen?« Die Erwachsenen, denen er von seinem Vorhaben erzählte, waren wohl von einem ausgeprägten »Unmöglichkeitssinn« geleitet und reagierten entmutigend, bis hin zu dem Argument, dass das doch schon längst jemand anderer gemacht hätte, wenn die Idee wirklich, wirklich so gut wäre. Mahlodji versuchte es dennoch. Das Projekt (zwischenzeitlich den medialen Entwicklungen angepasst als Internetplattform konzipiert) kam aber nicht allzu weit und landete irgendwann in der sprichwörtlichen Schublade. Bis er, inzwischen Lehrer, vor einer Schulklasse von seinem Projekt »whatchado«, der Vision und ihrem Scheitern erzählte. Hier trat nun überraschend die Mutmacherin auf den Plan. Eine Schülerin rief ihm nämlich klipp und klar sein eigenes Credo in Erinnerung: »Tu, woran du glaubst!« – Tu, was dir wirklich, wirklich wichtig ist!

Diese Schülerin ist Mahlodji im richtigen Moment begegnet. Damit ist noch ein weiterer wichtiger Aspekt angesprochen, den Archimedes auslässt. Dennoch helfen auch hier die alten Griechen weiter, es geht um den »glücklichen Zeitpunkt«. Die alten Griechen hatten in ihrem Wortschatz eine sehr schöne Unterscheidung in ihrem Zeitbegriff, nämlich zwischen der Normalzeit »Chronos« einerseits und dem idealen Zeitpunkt »Kairos« andererseits, der ein »Jetzt-oder-Nie« anzeigt (auf dessen Wichtigkeit für die Weltverbesserung weist übrigens auch das »Initiativen-Kochbuch« der Theodor-Heuss-Stiftung hin). Man könnte Archimedes' Diktum also durchaus auch so (und sicherlich in seinem Sinne, geht doch sein berühmtes »Heureka!« genau auf einen solchen Kairos-Moment zurück) variieren: Gib mir den richtigen Moment, den richtigen Zeitpunkt, lass ihn mich nicht übersehen, und ich bewege die Welt.

Ein offener, dabei dennoch geerdeter Möglichkeitssinn, ein ebensolches Ressourcen- und Ordnungsverständnis, eine gute Kenntnis des sozialen Umfelds und des sozialen Raums sowie die Fähigkeit, entsprechend zu agieren und dabei den richtigen Moment zu ergreifen – wie gesagt, das klingt zunächst nicht zwingend nach Revolution, aber nichts davon ist verzichtbar. Und es ist vielleicht nicht zu weit hergeholt, dass genau der Blick aufs Gewohnte, aufs »Übliche«, auch dazu beitragen kann, das Ungewohnte, Unübliche, schließlich das Weltbewegende auf längere Sicht erkennbar, möglich und erreichbar zu machen sowie Akzeptanz für das Neue zu gewinnen. Gute Veränderungen im gemeinschaftlichen Miteinander brauchen eine hinreichend breite Akzeptanz und Verankerung in der Gemeinschaft, in der die Veränderung stattfinden soll. Diese Gemeinschaft besteht ja nun zumeist nicht ausschließlich oder mehrheitlich aus Revolutionären.

Gute Veränderung muss für alle, auch für die Skeptiker, irgendwann und in irgendeiner Weise (auf einem kleinsten gemeinsamen Nenner) wünschenswert, annehmbar, zumindest (mit)tragbar sein. Im Sinne gelingender Weltverbesserung rücken hier die sogenannten traditionellen, alteingesessenen MitbürgerInnen (wenn man so will: der wichtige, wertvolle soziale »Altbestand«) in den Fokus. Veränderungen können, wenn sie zu überraschend oder zu umfassend eintreten, verunsichern. Deshalb kann es von Bedeutung sein, weltverbesserische Initiativen so anzulegen, dass sie für die betroffenen oder beteiligten Menschen nicht »zu fremd« erscheinen, das heißt zu vermeiden, dass sie in der landläufigen Wahrnehmung womöglich nichts mit deren Lebenswelten zu tun haben oder scheinbar nichts (oder nichts Gutes) bringen – etwa weil sie neue, ungewohnte, fremde Formen des zivilgesellschaftlichen Engagements bedienen. Über eine gewisse soziokulturelle Anbindung ans Umfeld kann es dagegen vielleicht gelingen, auch Menschen zu erreichen, die im traditionellen Vereinsleben oder Ehrenamt verwurzelt sind und sich dort engagieren, die anderen weltverbesserischen Tendenzen aber vielleicht skeptisch gegenüberstehen, die neue, informellere Aktivitäten eventuell mit Argwohn oder Befremdung beäugen und sich vor solchen Aktivitäten eher zurückziehen würden. Je »näher« Aktivitäten am eigenen Leben und Erleben verortet sind, desto eher ist ein Skeptiker vielleicht bereit, es sich zumindest anzusehen … (die Leute müssen »abgeholt werden«, wie das manchmal auch formuliert wird).

Aktivitäten, auch wenn sie auf gute Veränderung zielen, können gleichwohl Ängste und Ablehnung bewirken, können schlimmstenfalls auch Gefühle von Ausgrenzung und in der Konsequenz Rückzugstendenzen hervorrufen (im Sinne des Eindrucks, »dass das nichts für einen ist«, dass man von »den anderen« nicht angesprochen, nicht gemeint, vielleicht auch nicht erwünscht ist – mehr dazu auch noch später im Kapitel »Fragen Sie!«). Gutes Zusammenleben muss sich aber möglichst an alle richten, zumindest im Sinne einer Einladung an alle, sich am Zusammenleben, an seiner Weiterentwicklung und fortwährenden Verbesserung zu beteiligen.

Wenn man zu etwas eingeladen wird, womöglich von Menschen, mit denen man nicht so gut oder sogar gar nicht bekannt ist, sagt es sich leichter zu, wenn man eine Verbindung zum Gegenstand der Einladung erkennen kann. Die vielfältige Handbuch- und Ratgeberliteratur zur Förderung von bürgerschaftlichem Engagement weist in diesem Sinne darauf hin, dass die Rahmenbedingungen mitentscheidend sind dafür, *ob* sich Menschen angesprochen und angezogen fühlen, und auch dafür, *wer* sich angesprochen und angezogen fühlt: Sind es immer nur die Gleichen, die bei den meisten sich bietenden Gelegenheiten (auf den meisten »Bühnen«) zu sehen sind, oder sind es auch neue Gesichter? Oder anders gefragt: Sprechen die Rahmenbedingungen eher nur die eigene Klientel an, die Brüder und Schwestern im Geiste, oder sind sie offen für anderes, für andere? Und weiter gefragt: Sind sie wirklich, wirklich offen? Müssen sich die Menschen dem Angebot anpassen oder öffnen sich die Rahmenbedingungen für die Menschen? Auch Christof Brockhoff, dessen *MorgenLand*-Festival ebenso wenig wie der von ihm mitbegründete *Ideenkanal* als »traditionelle Aktivitäten« bezeichnet werden kann, hebt diesen Punkt hervor: Menschen ändern zu wollen, kann ein schwieriges bis zuweilen unmögliches Unterfangen sein; um einiges leichter ist es hingegen, die Rahmenbedingungen zu verändern und positiv zu beeinflussen, in denen Begegnung stattfinden kann. – Einziger Knackpunkt dabei: Man muss es wirklich wollen …

Gute Rahmenbedingungen, so schreibt Sabrina Born in einer Studie zu bürgerschaftlichem Engagement für die Friedrich-Ebert-Stiftung, wirken wie Fenster, die einladen, hinauszuschauen, die den Blick auf verschiedene Welten freigeben und diese miteinander verbinden. Gute Rahmenbedingungen können Menschen, die sich (eventuell) engagieren und einbringen wollen, anregen und motivieren, Initiative zu zeigen, selbst eigene Fenster aufzustoßen, neue Erlebniswelten für sich und andere zu eröffnen und den Blick zu weiten. Dann kann der Möglichkeitssinn wirksam werden, jene schon bei Robert Musil beschriebene Fähigkeit, nicht nur zu sehen, was ist (und was womöglich »immer schon so war«), sondern auch zu sehen, was sein könnte, wie es sein könnte – und, nochmals mit Archimedes gesprochen, wie und mit wessen Unterstützung man es tatsächlich anpacken könnte, die Welt zu bewegen.

Menschen auf gute Weise einzuladen, den Blick aus dem Fenster zu wagen, es Menschen vor allem auch zu ermöglichen, »eigene Fenster« zu entdecken und aufzustoßen, darin liegt vielleicht der Schlüssel zu guter Veränderung. Gute Veränderung kann durchaus klein beginnen, sich ausweiten und dann schließlich auch gemeinschaftlich getragen werden; sie wird vielleicht von Einzelnen angestoßen, reißt andere mit und wird schließlich zur gemeinsamen Sache. Weltveränderung und Weltverbesserung finden nicht allein durch außergewöhnliche Aktivitäten von hervorstechenden, hochkreativen und schillernden Persönlichkeiten statt, sondern auch im Kleinen, im »Normalen«, durch viele, viele kleine Schritte. »small +

small + small + small = BIG«, so bringen es die Organisatoren des britischen Rahmenprogramms zur lokalen Weltverbesserung *Big Local* auf den Punkt. Der Blick aus dem Fenster bringt uns auch wieder zum Orts- und Ordnungssinn zurück. Er ermöglicht eine Perspektive auf Neuland – vom eigenen Ort, vom eigenen Standpunkt aus.

Weiter gedacht: Wer sich einmal hat mitreißen lassen, wer sich einmal hat einlassen können auf neues Terrain, neue Möglichkeiten der Begegnung, neue Arten, Gemeinschaft zu denken und zu leben, darauf, neue Ideen auszuprobieren, Veränderung positiv zuzulassen, der wird deshalb vielleicht nicht gleich ein anderer Mensch; aber wer sich bei einem solchen Experiment wohlgefühlt hat, der wird sich vielleicht ein zweites Mal, und vielleicht weniger skeptisch, weniger zögerlich, auf Neues einlassen können. Vielleicht nicht gleich bei der allernächsten Gelegenheit; aber womöglich schon bei der übernächsten!

LITERATUR UND QUELLEN:

Born, Sabrina: Bürgerschaftliches Engagement: stabilisieren, stärken, steigern. Innovation und Investition in Infrastruktur und Infrastruktureinrichtungen. Studie für den Arbeitskreis »Bürgergesellschaft und Aktivierender Staat« der Friedrich-Ebert-Stiftung. Bonn 2005.

Boyle, David: Talking versus doing. The big debate. localtrust.org.uk/library/blogs/talking-versus-doing-the-big-debate

Brockhoff, Christof: The MorgenLand Festival: An Attempt to Empower the Youth. In: Kapferer, Elisabeth et al. (eds.): The Logics of Change. Newcastle upon Tyne: Cambridge Scholars Publishing 2012, 40–57.

Fahrun, Heike et al.: Initiativen-Kochbuch. Engagement selbst gemacht. Einstieg ins Projektmanagement. Ein Handbuch des Theodor-Heuss-Kollegs. Berlin 2015.

Mahlodji, Ali: Und was machst Du so? Vom Flüchtling und Schulabbrecher zum internationalen Unternehmer. Wien: Econ 2017.
→ Die von Ali Mahlodji mitgegründete Plattform whatchado.com versammelt inzwischen über 6.500 Videostorys und vereint Informationen zu mehr als 200 Berufsbildern sowie zu über 250 Firmen und Bildungseinrichtungen – Möglichkeitssinn hoch zehn!

VON FISCHEN, CHRISTBÄUMEN UND WASSER

Oder: Warum alle Menschen Weltverbesserer sein können

Es gibt einen Ausspruch, der lautet so: »Jeder ist ein Genie! Aber wenn du einen Fisch danach beurteilst, ob er auf einen Baum klettern kann, wird er sein ganzes Leben glauben, dass er dumm ist.« Des Öfteren wird dieser Spruch Albert Einstein zugeschrieben, dem Vernehmen nach soll er aber vielmehr aus einem (hinsichtlich Titel und Urheberschaft nicht näher bekannten, jedenfalls aber vermutlich nicht von Einstein verfassten) Kinderbuch stammen. Was nicht einmal schlecht wäre: Denn Kinder, also die Weltverbesserer von spätestens morgen, haben wahrscheinlich häufiger mit Kinderbüchern zu tun als mit den Schriften von Einstein. Das hier entworfene Bild könnte sie dazu ermutigen, sich zu fragen, was sie selbst denn gut können oder könnten und was eher nicht so gut. So betrachtet geht es dann weniger darum, ob man sich für »dumm« hält, weil man als Fisch nicht gut klettern kann (und es sei auch dahingestellt, ob »dumm« tatsächlich eine zutreffende Zuschreibung für einen klettersportfernen Fisch ist). Vielmehr geht es darum, ob man eigentlich um seine eigenen Talente und Begabungen, Fähigkeiten und Potenziale weiß und diese richtig einschätzt.

Für unsere Sache heißt das: In uns allen steckt die Gabe zur Weltverbesserung. Um diese Gabe aber auch umsetzen zu können, ist es hilfreich, eine hinreichend klare Vorstellung von uns selbst zu haben. Niemand muss alles können (und niemand kann alles). Aber jeder kann etwas – und meist mehr oder auch noch anderes, als sie oder er sich zutraut. Jeder kann etwas ändern. Es geht darum, herauszufinden, wo *wir* am besten wirken können, was *wir* ändern können. Manchmal bedarf es dazu einer Anregung oder eines Anstupsers von außen. So ist es zum Beispiel für Nina Ross aus dem schon erwähnten Jugendbuch von Michele Weber Hurwitz ein Satz, den ein Lehrer Ninas Schulklasse am letzten Schultag vor den Sommerferien mitgibt. Dieser Lehrer meint, die jungen Leute sollten sich für ihre Zukunft weniger damit beschäftigen, aufzufallen und beachtet zu werden, als vielmehr damit, *bemerkenswert* zu sein. Bemerkenswert zu sein, das kann durchaus damit Hand in Hand gehen, andere Menschen als *bemerkenswert* zu betrachten, oder, anders gesagt, das Zusammenleben, die Mitmenschen und die Gegebenheiten mit Achtsamkeit wahrzunehmen.

Dazu gehört, sich von Sätzen oder Gedanken wie »Es ist eben so« zu verabschieden, solche Sätze aus der »inneren Standardeinstellung«, wie der amerikanische Schriftsteller David Foster Wallace es formuliert, zu verbannen. Dazu gehört auch ein gewisses Maß an Achtsamkeit für die (kleine) Welt um uns und Aufmerksamkeit für den guten Zufall zur richtigen Zeit – wir erinnern uns an die griechische Vorstellung von »Kairos«, vom »Jetzt-oder-nie-Moment«. Auch viele der kleinen und kleinsten Hilfen, die im Alltag stattfinden und den Alltag ein Stück besser machen können, beruhen im Kern auf diesem Prinzip von Achtsamkeit: Sei es die Rettung einer achtlos draußen im Regen abgelegten Postsendung für die Nachbarin, sei es die Hilfe am Bahnsteig für einen Jungpapa, der mit Kind und Kegel, Kinderwagen und Koffern gerade zwei oder drei Hände zu wenig hat. Auch das sind Beiträge zum guten Zusammenleben, und jede und jeder von uns kann etwas tun und den achtsamen Blick auf die Umgebung pflegen. Oder, wie ein afrikanisches Sprichwort sagt: Viele kleine Menschen an vielen kleinen Orten, die viele kleine Dinge tun, verändern das Angesicht der Welt!

Ein »Kairos-Moment« ist es im Grunde auch, den Nina erlebt, als sie beschließt, das Blumenbeet ihrer alten Nachbarin zu bepflanzen, und damit einen Sommer der Weltverbesserung im Kleinen beginnt. Alles fällt in ein Bild zusammen, alles fügt sich und Nina weiß, was zu tun ist. Personen wie Nina gibt es überall auf der Welt. Es ist die Mischung aus anteilnehmender Weltsicht und Offenheit für die gute Fügung oder den richtigen Augenblick, die zur Weltverbesserung im Kleinen führen kann. Dazu ein Beispiel aus unserem Kontext des Sozialfestivals *Tu was, dann tut sich was.* – Muss es denn wirklich so sein, dass in einer kleinen, entlegenen Salzburger Gemeinde einige alte Menschen zu Weihnachten keinen Christbaum mehr aufstellen können, weil ihnen die Möglichkeit fehlt, ein Bäumchen einzukaufen und nach Hause zu transportieren? Einen aufmerksamen Mitarbeiter dieser Gemeinde hat das doch beschäftigt. Nicht nur im Amt, sondern eines Tages auch bei einer Skitour, als er an einem Forstschnitt vorbeikam und einen Haufen junge, schöne Nadelbäume sah, die dort auf ihren Abtransport (und wohl ihre Entsorgung) warteten. Manchmal fügen sich Beobachtungen und Gegebenheiten eben ineinander wie Puzzleteile. Das dritte Puzzleteilchen in diesem Beispiel war die ehrenamtliche Tätigkeit des Gemeindemitarbeiters bei der Bergrettung und damit die Möglichkeit, an geeignetes und geländetaugliches Gerät zu kommen, um den Transport der Bäumchen aus dem Wald in die Gemeinde und in die Wohnungen zu bewerkstelligen. So glänzte in dieser Gemeinde die eine oder andere Stube der älteren BewohnerInnen zu Weihnachten dann doch im Schein eines kleinen, lichterbestückten Christbaums.

Dieses Beispiel aus dem Kontext von *Tu was, dann tut sich was.* zeigt, wie ein gewisses Maß an Interesse und Achtsamkeit für Bedingungen und Bedarfe in unserem Umfeld zu »Aha-Momenten« führen kann. Plötzlich liegt da der Schlüssel dazu, wie eine Situation zum Besseren verändert werden kann, plötzlich ist da die zündende Idee zur Weltverbesserung im Kleinen, plötzlich ist klar: Ich kann etwas ändern! Das klappt! Manchmal fallen einem die Gelegenheiten zum Weltverbessern wie von selbst zu, kommt es also im Wortsinn zu guten »Zufällen«, die uns helfen, etwas zu beginnen. Manchmal aber ist zwar das *Wollen* da, etwas zum guten Zusammenleben beizutragen, jedoch liegt das *Wie* nicht so klar auf der Hand und macht sich nicht wie von selbst bemerkbar. Da ist es dann gut, dass es auch Möglichkeiten gibt, Gelegenheiten zur Weltverbesserung aufzuspüren, die vielleicht schon da sind und zum Mittun einladen, von uns aber noch entdeckt werden wollen.

Freiwilligenzentren als physische Anlaufstellen oder auch Online-Plattformen, die über die vielfältige Landschaft für ehrenamtliches soziales Engagement informieren oder Ideen geben, wie man auch für kleines oder gar kein Geld die Welt verbessern kann, sind hier hilfreich – ein wunderbares Beispiel dafür ist die Ideensammlung des Agenda 21-Netzwerks Oberösterreich »Viel Projekt für wenig Geld« mit vielen Anregungen und Hilfestellungen, wie sich die Welt im Kleinen eigentlich ganz einfach verbessern lässt. Solche Angebote können dabei unterstützen, herauszufinden, was wir persönlich jeweils zum guten Zusammenleben beitragen können. Und sie können helfen, dass wir unsere Talente und Begabungen im Rahmen von zu uns passenden Aktivitäten einbringen können und so auch unsere Potenziale zur Weltverbesserung am besten entfalten können.

Ebenso können solche Angebote aber auch zu einer Art Horizonterweiterung für uns selbst führen. Die InitiatorInnen einer Qualifizierungsoffensive für Freiwilligenagenturen in Berlin, die Workshops zu unterschiedlichsten Fragestellungen rund um freiwilliges Engagement durchgeführt und hervorragend dokumentiert haben, beschreiben ein Beispiel dafür: So ruft ein Interessent eine solche »Engagementkarte« auf, um sich über Möglichkeiten des Engagements in seiner unmittelbaren Nachbarschaft zu informieren. Was ihm als Idee eigentlich vorschwebt, ist eine Tätigkeit, bei der er mit älteren Menschen zu tun hat. Zufällig entdeckt er dabei auch einen Hinweis auf eine ansprechende Initiative quasi um die Ecke, bei der allerdings nicht SeniorInnen, sondern Kinder im Mittelpunkt stehen. Danach hat er im Grunde gar nicht gesucht, merkt aber, dass ihn ein Engagement für junge Menschen eigentlich ebenfalls reizen würde – und hat über diesen Zufalls-

Fund auf seiner Suche nun die Chance, etwas Neues auszuprobieren, sich selbst neu auszuprobieren, ganz anders als zunächst gedacht. Und was, wenn wir scheitern, wenn unsere Vorhaben, die Welt zu verbessern, nicht gelingen? Die Glücksforscherin Maike van den Boom meint (übrigens in Übereinstimmung mit zahlreichen Forschungen aus der Psychologie, wir kommen darauf in einem späteren Kapitel noch zurück), es gibt Schlimmeres: Nämlich das Bewusstsein, einen Traum unverwirklicht und sogar unversucht gelassen zu haben, weil man sich nicht getraut hat …

Manchmal entdeckt man seine eigenen Weltverbesserungs-Begabungen auf ganz unerwarteten Wegen. Manches Mal ergeben sich Gelegenheiten dazu auch dort, wo man gar nicht damit rechnet. Das haben zum Beispiel die Beteiligten an einem kanadischen, partizipativen Forschungsprojekt erfahren: Hier ging es, in Zusammenarbeit von benachteiligten Alleinerzieherinnen und Forscherinnen, eigentlich darum, bestimmte Zusammenhänge von Armut bzw. sozialer Ausgrenzung und Gesundheit besser verstehen zu lernen. Das Projektdesign sah vor, dass die teilnehmenden Frauen über einige Monate hinweg ihren Alltag fotografisch dokumentieren (nach der sogenannten »Photovoice«-Methode, die auch denjenigen eine »Stimme« verleihen kann, die sich im rein sprachlichen Ausdruck aus unterschiedlichen Gründen eher schwertun würden). Zusammen mit den Forscherinnen wurden die Bilder dann gesichtet, diskutiert, dokumentiert und in einen größeren Zusammenhang gestellt. Dass sowohl die Gesundheitskompetenz als auch das entsprechende Hintergrundwissen aller Beteiligten vom Projekt profitierten, war der eine, unmittelbare und auch primär angestrebte Erfolg des Projekts. Rückmeldungen nach der Projektlaufzeit von insgesamt zwei Jahren zeigten aber noch ganz andere Auswirkungen. Aus dem ursprünglichen Forschungsprojekt wurde ein Anstoß zur Selbstermächtigung: Angeregt durch das Projekt und die kreative, niederschwellige Methode gelang es den beteiligten Frauen, aus ihren üblichen Rollen und Handlungsweisen herauszutreten und ihrer gewohnten Umgebung auf eine neue, anteilnehmende Weise zu begegnen. Mit der veränderten Perspektive schärfte sich auch der Blick für die Umstände und vor allem auch für all das, was *nicht* so sein müsste, nur weil es vielleicht »immer schon so war«. Auch hier entstanden Gelegenheiten, sich neu auszuprobieren, neue Handlungsfähigkeit zu erlangen, und damit wurde die Erfahrung einer ganz neuen Selbstwirksamkeit möglich (eine Erfahrung übrigens, von der auch etliche *Tu was*-TeilnehmerInnen erzählt haben). Eine Teilnehmerin berichtete etwa, dass sie, die sich früher vor allem als Hilfsempfängerin erlebt hat, nun plötzlich in der Position sei, anderen jungen Müttern in Kinderbetreuungs- und Beziehungsbelangen helfen zu können. Und andere berichteten davon, dass sie nun in ihrer Nachbarschaft für diverse Verbesserungen sorgen würden, um, so der Wortlaut, wieder etwas »Stolz« in das Wohnumfeld zurückzubringen – das heißt auch: die allgemeine (und geteilte) Sorge um und Achtsamkeit für die Umgebung zu stärken, damit sich die BewohnerInnen – *alle* BewohnerInnen! – wieder wohler fühlen können. Weltverbesserung ist möglich! Wir alle können dazu beitragen.

Wenn wir uns danach beurteilen, ob wir die allergrößten Probleme lösen können, werden wir eventuell glauben, gar nichts ändern und nichts zu einer Lösung beitragen zu können. Aber auf die größten, spektakulärsten und überraschendsten Lösungen kommt es in der Weltverbesserung im Kleinen nicht so sehr oder jedenfalls nicht immer an. In diesem Sinne konstatieren auch die AutorInnen des höchst anregenden »Initiativen-Kochbuchs« des Theodor-Heuss-Kollegs, dass es nicht um »Zaubermethoden« gehe, sondern darum, dass das Tun *wirkt*. Wir müssen die Welt nicht neu erfinden – wir sollten uns nur im Rahmen unserer Möglichkeiten dafür einsetzen, sie zu verbessern. Und dafür ist es wie beschrieben hilfreich zu wissen und zu sehen, was *wir* können und vermögen: wo wir ansetzen können und in welcher jeweiligen Umgebung wir wirken können.

Das führt uns zurück zu den Fischen. Fische sind tatsächlich zumeist nicht gut darin, auf Bäume zu klettern. Fische schwimmen gewohnheitsmäßig eher im Wasser. Was »Wasser« aber eigentlich ist, darüber sinnieren sie wohl selten – wozu auch, könnte man fragen? Genau dafür aber, für Fische und Wasser und ihre Aussagekraft für uns Menschen, interessiert sich wiederum der bereits zitierte David Foster Wallace in einer Rede, die er 2005 vor jungen College-Absolventen gehalten hat. Sein zentrales Thema darin ist eine »Lebensführung der Anteilnahme« und damit eben das, was für die Weltverbesserung im Kleinen so besonders bedeutsam erscheint. Er fordert zu einem prüfenden Blick auf das »Gewohnheitsmäßige«, das »Selbstverständliche« auf: nämlich deshalb, weil »die offensichtlichsten, allgegenwärtigsten und wichtigsten Tatsachen oft die sind, die am schwersten zu erkennen und zu diskutieren sind«. Ein guter prüfender Blick meint dabei einen kritisch-wohlwollenden (und nicht etwa kritisch-zynischen) Blick für unser »Wasser«, für unsere ganz alltägliche Umgebung und für die Stellschrauben des guten Miteinanders, an denen wir alle ein wenig, oder sogar ein wenig mehr, mitdrehen können, Tag für Tag.

LITERATUR UND QUELLEN:

Agenda 21 Netzwerk Oberösterreich: Viel Projekt für wenig Geld. agenda21-ooe.at/viel-projekt-fuer-wenig-geld.html

Duffy, Lynne: »Step-by-Step We are Stronger«: Women's Empowerment Through Photovoice. In: Journal of Community Health Nursing 28 (2011), 105–116.

Fahrun, Heike et al.: Initiativen-Kochbuch. Engagement selbst gemacht. Einstieg ins Projektmanagement. Ein Handbuch des Theodor-Heuss-Kollegs. Berlin 2015.

Gstach, Isabell / Kapferer, Elisabeth: Impact – Effekte – Nachhaltigkeit. In: Gstach, Isabell et al.: Sozialatlas Steirische Eisenstraße. Lokales Wissen erfolgreich nutzen. Wien: mandelbaum verlag 2013, 149–162.

Kapferer, Elisabeth et al.: Sozialatlas Lungau. Ideen und Projekte für ein besseres Zusammenleben. Wien: mandelbaum verlag 2012.

Landesfreiwilligenagentur Berlin (Hg.), Schaaf-Derichs, Carola / Vollrath, André: Freiwilligenagenturen als zivilgesellschaftliche Akteure – Lern- und Wachstumsprozesse für eine lebendige Bürger_innengesellschaft. Handbuch zur Qualifizierungsoffensive für Freiwilligenagenturen in Berlin. Teil II und III – 2014 und 2015. Berlin 2016.

Van den Boom, Maike: Wo geht's denn hier zum Glück? Meine Reise durch die 13 glücklichsten Länder der Welt und was wir von ihnen lernen können. Frankfurt am Main: Fischer Taschenbuch 2016.

Wallace, David Foster: Das hier ist Wasser / This is Water. Gedanken zu einer Lebensführung der Anteilnahme vorgebracht bei einem wichtigen Anlass. Aus dem amerikanischen Englisch von Ulrich Blumenbach. Köln: Kiepenheuer & Witsch 2012.

Weber Hurwitz, Michele: Wie ich die Welt in 65 Tagen besser machte. Aus dem Amerikanischen von Angelika Eisold Viebig. Frankfurt am Main: Fischer 2014.

freiwilligenweb.at

partizipation.at

EIN (UNVOLLSTÄNDIGES) A BIS Z ...

... möglicher Gelegenheitsstrukturen fürs gute Zusammenleben

... A wie Anfangen – Adventcafé – Aufräum-Feste – Babygruppen – Bastelwerkstatt – Baumschnitt – Begegnungszonen – Besuchsdienste – Buchbasar – BürgerInnenräte – Café Miteinander – Christbaumbringdienst – Dorflinde 2.0 – Dorfplatzverschönerung – Dorf-Wanderungen – Eisstock-Spaßturnier – Eltern-Kind-Treffs – Erzählcafés – Feste, Feste, Feste – Filmabende – Flohmarkt mit Kaffee-Ecke – Fotostreifzüge – Fußball-Miniturnier – Garagen-Bar – Gemeinsamer Mittagstisch – Gemeinschaftsgärten – Generationen-Cafés – Genuss-Tauschbörse – Gesundheitszirkel – Grätzl-Frühstück – Gymnastikrunde – Handtaschenverleih – Hausbank, öffentlich – Hunde-Runden – Ideenlabor – Integrationsfeste – Interkulturelles Fastenbrechen – Jugendräte – Jung trifft Alt – Kasperltheater – Kindergärtnerei – Kinderkunstwerkstatt – Kochtreffs – Komfortzonen-Überschreitungen – Konsumfreie Treffpunkte – Kreativ-Treffs – Lauf-Treff – Mitbring-Service – Miteinander reden – Mitfahrbörsen – NachbarInnen-Plausch – Nachbarschafts-Mosaik – Nähcafés – Nasch- und Kräuterbeete – Osterbrunch – Park-Cafés – Potluck – Public Viewing – Quartiers-Oasen – Repair-Cafés – Schachrunden – Schöner-Wohnen-Ateliers – Second-Hand-Laden – Singkreis interkulturell – Spiele-Treffs – Spielplatz-Feste – Sprachencafés – Stadtteilspaziergänge – Stick-, Strick- und Häkelcafés – Stillrunden – Storytelling im Park – Straßenbesetzung – Straßenkreiden-Nachmittage – Talentetausch – Tarockrunden – Theaterclub – Tratschbankerl – Ubuntu – Vielfalts-Picknick – Visionenbörsen – Vorlesegruppen – Was-wäre-wenn-Wandgemälde – WillkommenslotsInnen – Yoga-Treffs – Zeitbank – Z wie Zu(kunfts)versichtlichkeit pflegen ...

WER IST SCHON FELERLOS?

Oder: Warum Irrungen nicht immer ein Problem sein müssen und ein Kopfstand manchmal helfen kann

Es ist eigentlich paradox. Üblicherweise sprechen Menschen gerne und viel über Dinge, mit denen sie sich gut auskennen (oder mit denen sie sich gut auszukennen meinen). Aber dann gibt es da doch eine Sache, wo dem nicht so ist: Alle tun es, aber kaum jemand redet darüber. Gemeint ist das Fehlermachen. Dabei sollten wir darüber reden, denn nur aus wenigen Erfahrungen und Ereignissen können wir so viel lernen wie aus Fehlern, aus missglückten Vorhaben, Versäumnissen, aus Momenten des Irrens und Scheiterns (und erfreulicherweise nicht nur aus unseren eigenen, sondern auch aus jenen anderer).

Leider haben Fehler aber ein massives Imageproblem, sie werden gefürchtet, vermieden, und wenn sie doch passieren, häufig verdrängt und vertuscht. Das hängt nicht zuletzt damit zusammen, wie man in unseren Breitengraden schon von klein auf darauf konditioniert wird, dass Fehler mit Peinlichkeit und Scham, mit Gesichtsverlust und oft auch mit Bestrafung zu tun haben. Etwas falsch zu machen, bereitet somit Angst. Angst – zumal vor etwas, das sich in der menschlichen Realität nun mal nicht vermeiden lässt – ist jedoch nur selten ein guter Ratgeber, wenn wir uns (weiter)entwickeln wollen, wenn wir lernen wollen, wenn wir Neues kennenlernen und schaffen wollen.

Angst vor Fehlern bringt uns nicht weiter; das scheint auch jene »Industrie« verstanden zu haben, die auf Postkarten, Tassen, T-Shirts und unzähligen weiteren Alltags- und Gebrauchsgegenständen mit lockeren Sprüchen eine ganz andere »Fehlerkultur« propagiert. Da werden etwa Fehler zu Geniestreichen und zu Etappen(siegen) am Weg zum Erfolg umgedeutet, Fehlervermeider als Langweiler entlarvt, da wird das Fehlermachen zum »lebenslangen Lernen« zurechtgerückt oder überhaupt gleich (quasi als Irrtum über den Irrtum) in Abrede gestellt. So weit, so gut, schließlich ist ja hinlänglich bekannt, welche großen Entdeckungen und famosen Errungenschaften auf einem Fehler oder Irrtum beruhen – Amerika, Penicillin, Post-it-Notes oder Viagra zum Beispiel. Wenn »Fehlerkultur« allerdings über Kaffeetassen-Oberflächlichkeit und dergleichen nicht hinausgeht und der an sich sinnvolle Ansatz, »aus Fehlern lernen zu können«, nicht mehr als eine Worthülse ist, scheint doch nicht viel gewonnen zu sein. Mit Fehlern gut, das heißt konstruktiv, umzugehen, sie möglicherweise sogar als Chance zu sehen, dazu braucht es wohl etwas mehr.

Ja, Fehler gehören zu uns, sie sind unvermeidliche Begleiter menschlichen Handelns, kein Mensch ist fehlerlos. Irren ist menschlich, wie es so schön heißt. Dennoch sollten wir Fehler nicht einfach als unvermeidliche Anhängsel im Sinne von »Verwandten«, sondern vielmehr als unverhoffte »Freunde« verstehen. Das Problem mit familiären Banden ist ja, dass sie nicht immer zwingend mit Sympathie oder Aufmerksamkeit den anderen gegenüber einhergehen. In dem wunderbaren Film »Familienfest und andere Schwierigkeiten« von Jodie Foster nimmt Claudia als eines der involvierten Familienmitglieder dazu kein Blatt vor den Mund: »Wir sind nur verwandt, wir müssen uns nicht mögen.« – Eine Freundschaft hingegen ist etwas, was gepflegt sein will. Achtsamkeit, Wertschätzung und oftmals auch ein wenig Gelassenheit können zu ihrem Gelingen beitragen. Manche Freundschaften mögen glückhafte Selbstläufer sein, andere hingegen benötigen anfangs oder zwischenzeitlich mehr »Arbeit«, Willen und Bemühen, um gedeihen und Früchte tragen zu können. Das gilt auch für eine »Fehlerfreundschaft«.

Wie auch in zwischenmenschlichen Freundschaften empfiehlt es sich, genauer hinzuschauen. So wie unsere menschlichen Freundinnen und Freunde nicht alle gleich ticken und Gleiches in unser Leben einbringen, so können auch Fehler in recht unterschiedlicher Gestalt auftreten. Eine grobe und sicherlich lückenhafte Einteilung könnte etwa drei Arten von Fehlern so unterscheiden: Fehler als Fehlleistungen, wir tun etwas und das geht schief oder nimmt jedenfalls einen anderen Ausgang als geplant; Fehler als Irrtümer, wir gehen von falschen Grundannahmen oder Voraussetzungen aus, oder wir lassen uns, wie es so schön heißt, in die Irre leiten; und schließlich Fehler als Versäumnisse, wir haben etwas zu tun unterlassen und bedauern oder bereuen dies aus späterer Sicht. Alle drei spielen eine nicht unbedeutsame Rolle, wenn wir über Weltverbesserung im Kleinen und das gute Zusammenleben nachdenken. Denn was, wenn unsere Vorhaben nicht gelingen, wenn sich unsere gute Idee als doch nicht so brillant oder als vielleicht nicht umsetzbar herausstellt?

Beginnen wir mit der letztgenannten Art von Fehlern, mit den Versäumnissen. Oder anders gesagt: mit nicht (oder »falsch«) wahrgenommenen Gelegenheiten, mit nicht (oder »falsch«) getroffenen Entscheidungen, mit nicht (oder »falsch«) gewählten Abzweigungen in unserem Lebensverlauf, auf die wir aus späterer Perspektive kritisch, vielleicht sogar mit Bedauern zurückblicken. Die Psychologie, etwa der Forscher Neal Roese und seine Kollegin Amy Summerville, hat sich in unzähligen Studien mit dieser Thematik auseinandergesetzt. Interessant dabei ist, dass Menschen langfristig vor allem bereuen, welche Chancen sie *nicht* genutzt haben. Handlungen, die wir gesetzt haben, die aber schlecht ausgegangen sind, führen im Vergleich dazu zu viel weniger und vor allem zu weniger lang anhaltendem Bedauern.

Das sagt uns für Aktivitäten der Weltverbesserung zweierlei: Wir dürfen den Mut haben, Dinge auszuprobieren, wenn sich die Gelegenheit dazu bietet! Wenn wir die Möglichkeit haben, uns für ein gutes, ein besseres Zusammenleben zu engagieren, sollten wir zugreifen. Und zweitens: Ein »Fehler«, also ein Misslingen unserer Pläne, ist nicht der größte anzunehmende Schaden für uns. Ja, womöglich gelingt nicht alles; aber viel schlimmer (nicht zuletzt für uns ganz persönlich) wäre es und würde es sich rückblickend anfühlen, gar nichts zu tun. Wenn dieses »nichts Tun« oder »zu wenig Tun« soziale Kontakte betrifft, kann das besonders schmerzhaft werden. Bronnie Ware, die jahrelang Menschen im Sterben begleitet und zu ihren größten »regrets« befragt hat, hat dazu Folgendes festgestellt: Eines der Hauptthemen, mit dem Menschen am Lebensende hadern, ist es, sich nicht ausreichend um zwischenmenschliche Beziehungen gekümmert zu haben. Da gleichzeitig bekannt ist, dass soziales Engagement ein Glücks-Motor ist, lässt sich hier nur sagen: Dieser »Fehler«, das Versäumnis und das Bedauern darüber, kann abgewendet werden. Fang irgendwo an!

Nun ist natürlich Fehler nicht gleich Fehler. Und ein Fehler, der zu Schaden für Leib und Leben führt, wäre, sofern denn überhaupt etwas aus ihm zu lernen wäre, ein zu teuer bezahlter Lehrmeister. Aber dennoch, Fehler im Sinne von »Fehlleistungen« jeglicher Größenordnung geschehen. Die gute Frage ist, wie wir mit ihnen umgehen. Die wahrscheinlich wichtigste Antwort auf diese Frage ist, siehe oben, über Fehler zu reden. Um zu verstehen, dass das nur einfach klingt, aber nicht unbedingt einfach ist, reicht ein Blick auf die kleinste Zelle des Zusammenlebens, auf die Familie. So leicht es Eltern oft fällt, ihre Kinder auf deren Fehler aufmerksam zu machen, so schwer kann es umgekehrt sein, wenn ihnen selbst ein Fehler unterlaufen ist, diesen zu benennen oder gar von den Sprösslingen darauf hingewiesen zu werden. Das hat nicht zuletzt mit dem sozialen Gefüge zu tun, mit (sei es auch unausgesprochenen) sozialen Hierarchien. Fragen, wer wem etwas sagen darf (und wer nicht) bzw. wer wem gegenüber etwas, und das möglichst furchtlos!, zugeben darf (und wer nicht), können einer guten Fehlerkultur entgegenstehen. Was also tun?

Eine faszinierende Antwort kommt just aus einem Bereich, in dem Fehler tunlichst nichts verloren haben sollten: aus der Luftfahrt. In mehreren tausend Metern Höhe kann jeder nicht entdeckte Fehler zu einer Fehlerkette führen und schlimmstenfalls tödlich enden. Genau diese Erfahrung hat aber nicht zum Ende der Luftfahrt geführt, sondern zu einem anderen, neuen Umgang mit Fehlern und in der Folge zu einer erheblichen Steigerung der Flugsicherheit. Ein Kernstück dieser neuen Fehlerkultur war es (neben dem Aufbau konstruktiver, positiv fehlerzentrierter Kommunikations- und Berichtsstrategien), mit der bis dahin gängigen Cockpit-Hierarchie aufzuräumen. Dass allein der ranghöhere Pilot das Sagen hatte und der Co-Pilot mit (wiewohl begründeten) Einwänden sehr wahrscheinlich zumindest seine Karriere riskiert haben würde, hatte sich in der Praxis der Luftfahrt zu oft als ungünstig bis lebensgefährlich erwiesen. Anstelle des Hierarchie-Prinzips wird nunmehr im Fehler-Fall das Kooperations-Prinzip gepflegt: eine Herangehensweise, die in Sachen Fehlerkultur generell zielführend scheint. Zwei Köpfe nehmen nun mal mehr wahr als einer, und jeder entdeckte – und ruhig und vorwurfsfrei kommunizierte – Fehler ist ein guter, weil womöglich lösbarer, korrigierbarer Fehler.

Was im Hochrisikobereich sinnvoll ist, ist auch in Fragen des guten Zusammenlebens nicht unbedingt falsch. Schauen wir, als Beispiel ganz anderen Zuschnitts, auf einen Dorfplatz mitten in Oberösterreich, in Weibern, und schauen wir nicht in die Luft, sondern bleiben wir am Boden, genauer gesagt auf *150 m² Dorfbod'n* – ein bemerkenswertes Unterfangen aus dem Sommer des Jahres 2000. Der Ausgangspunkt dieses Projekts liegt lang zurück, und man könnte sagen, er liegt in einem Fehler. Dieser erste Fehler wurde in Weibern schon vor Jahrzehnten begangen, als nämlich Anfang der 1950er-Jahre der alte Dorfplatz vor der Pfarrkirche zugunsten des immer mehr Platz beanspruchenden Straßenverkehrs aufgegeben wurde. Bemühungen, um die Ecke einen neuen Dorfplatz einzurichten, waren gut drei Jahrzehnte später von nur mäßigem Erfolg gekrönt. Der von der Gemeindeführung sicher gut gemeinte »neue Dorfplatz« wurde von der Bevölkerung mehr schlecht als recht angenommen; merke: Dorfplätze sind nicht nur physische, sondern für die Bevölkerung in hohem Maße auch symbolische Orte, und Symbolik lässt sich nicht »von oben« installieren – wir sehen hier quasi die Fortsetzung einer Fehlerkette.

Wieder 15 Jahre später allerdings, eben im Jahr 2000, erwachte der Platz schließlich doch noch zum Leben, initiiert von der Linzer Kultur- und Kommunikationsschaffenden-Gruppe »Die Fabrikanten« und unterstützt von der Weiberner Gemeindeleitung.

Die Idee war quasi ein »Platz auf dem Platz«, eine 150 Quadratmeter große Holzkonstruktion, eine Art Tanzboden, gut eineinhalb Meter über dem eigentlichen Pflaster, mit beweglichen Wirtshausgarnituren anstelle der starren Betonbänke. Dieser *Dorfbod'n* sollte ein Angebot an die Bevölkerung sein, ihn nach eigenem Belieben und Bedürfnis zu bespielen. Und siehe da, dieses Angebot wurde bestens angenommen: 100 Tage lang buntes, vielfältiges Gemeinschafts- und Kulturprogramm fürs Dorf, gestaltet in Eigenregie von den und für die BewohnerInnen Weiberns jeden Alters und jeglicher Interessen, womöglich auch Anstoß für Dominoeffekte zur weiteren gemeinschaftlichen Weltverbesserung im Kleinen – jedenfalls eine erfolgreiche soziale Fehlerbehandlung, ganz unhierarchisch, von unten.

Bleiben schließlich noch jene Fehler, die ihren Ursprung in Irrtümern haben. Nicht immer sind »falsche Entscheidungen« das Problem, manchmal gehen wir einfach von falschen Voraussetzungen aus oder setzen unsere eigenen Annahmen als generell anzunehmenden Konsens über etwas voraus. Das kann ins Auge gehen. Nicht jeden entsprechenden Fehler *will* man in einem Vorhaben zur Weltverbesserung im Kleinen vielleicht machen – nicht jeden entsprechenden Fehler jedenfalls *muss* man machen. Die Initiative »Allianz für Beteiligung« aus Baden-Württemberg, die über viel Erfahrung mit Projekten zum besseren Zusammenleben verfügt, schlägt diesbezüglich vor, gelegentlich einmal einen »Kopfstand« zu machen. Gemeint ist damit, gedanklich einmal von der Vorstellung des gelingenden eigenen Vorhabens abzurücken und sich stattdessen aktiv zu fragen, wie man das Vorhaben denn garantiert zum Scheitern bringen könnte. Klingt verrückt? Ist es aber nicht. Denn der »verrückte« Blickwinkel kann problematische Punkte im eigenen Denken und Tun sichtbar machen. Stellen wir uns zur Illustration zum Beispiel vor, wir leben in einer ländlichen, infrastrukturell eher dünn bespielten Gegend und wollen ein Begegnungsangebot für Frauen, vor allem auch für junge Mütter schaffen. Was könnte verhindern, dass ein solches Angebot, ein vermeintlicher Selbstläufer, von den Adressatinnen angenommen wird?

Vor diese Frage sah sich eine engagierte Frauengruppe im niederösterreichischen Waldviertel gestellt. Im Rahmen von *Auf gesunde Nachbarschaft!* sollte dort nämlich ein solcher offener Begegnungsort entstehen, die Resonanz jedoch blieb aus. Der (wenngleich etwas spät gemachte) »Kopfstand« zeigte, dass das Angebot zu unkonkret, die Zielgruppe zu vage, der Anspruch an einen »persönlichen Austausch« zu groß gewesen waren und generell die Zielsetzung des Vorhabens für die adressierte Öffentlichkeit wohl zu unklar und unscharf geblieben war. Anstatt das Projekt an diesem Punkt aber aufzugeben, wurde an den erkannten Stellschrauben neu gedreht und das Angebot unter dem Leitgedanken von »Austausch, Bildung und Spaß« als *ABS-Café* nochmals neu aufgestellt – und dies mit anhaltendem Erfolg bis heute.

Fehlerkultur ist freilich auch immer eine Frage der Rahmenbedingungen: Ein zuversichtlicher Umgang mit dem möglichen Ungewissen, ein sozialverträglicher und konstruktiver Umgang mit dem Scheitern ist nicht voraussetzungslos und liegt auch nicht immer allein im Ermessen der oder des je Einzelnen. Was es dafür braucht, nennt Jürgen Schäfer in seinem Buch »Lob des Irrtums« Fehlergelassenheit – und spricht damit wohl einen zentralen Aspekt gelingender Fehlerkultur an. Wer das gute Zusammenleben fördern will und zur Weltverbesserung im Kleinen beitragen will, tut dies immer in einem gemeinschaftlichen Kontext. Je nachdem, wie dieser Kontext gestaltet ist, ist dies eher einer sozialen Kultur des Machens oder aber des Zauderns dienlich. Insbesondere Rahmenprogramme wie *Auf gesunde Nachbarschaft!* oder eben auch das Sozialfestival *Tu was, dann tut sich was.* sollten explizit darauf ausgerichtet sein, Raum zum Ausprobieren zu öffnen und Gelegenheitsstrukturen zum Experimentieren zu bieten und zu ermöglichen. Das heißt auch: Fehler (und deren Bearbeitung) zuzulassen. Auch die Bertelsmann Stiftung, selbst Ermöglicherin so vieler gemeinschaftsrelevanter Projekte und Initiativen, unterstreicht dies in einem ihrer zahlreichen Praxishandbücher: Fehler zu machen und nach Möglichkeit zu korrigieren, muss möglich sein und ist eine Erfahrung von Wert. Ebenso betonen das die Organisatoren der deutschen »Jugend.Stadt.Labore«: Mit Fehlern oder Momenten des Scheiterns umzugehen, lernt man nicht in der Theorie. Programme, die Eigeninitiative und gutes Zusammenleben fördern wollen, sollten im Sinne einer Kultur des Machens anstelle einer Rotstiftmentalität somit Raum für Fehler zulassen – und damit Erfahrungen ermöglichen, die für ein gutes Miteinander so wichtig sind, für die aber sonst in unserem Alltag kaum Platz ist.

In diesem Sinne sollten wir Fehler und Irrtümer als mögliche Freunde sehen und uns aus unseren eingefahrenen Spuren ausscherend durchaus auch einmal in die Irre leiten lassen – vielleicht ist das, was wir als »Irre« ansehen, gar nichts Irriges, sondern schlichtweg Neuland, das erhellende neue Perspektiven ermöglicht? Neuland, das wir sonst womöglich niemals betreten hätten? Ein Fehler ist, so könnte eine Definition lauten, das Ergebnis einer Handlung oder Entscheidung, das so nicht geplant war, und dieses führt zu Erfahrungen und möglicherweise weiteren Ereignissen, mit denen wir so nicht gerechnet haben. Und, als Randbemerkung: Fehler und Irrwege können auch zu großartigen Geschichten führen. Zu Recht stellen Kathrin Passig und Aleks Scholz fest, dass Homer recht wenig zu erzählen gehabt hätte, wenn Odysseus den direkten Weg nach Hause genommen hätte. Gutes Zusammenleben lebt auch von guten, gemeinsamen Geschichten. Irrtümer und Irrwege und ihre gelingende Bewältigung können Futter für solche gemeinsamen und gemeinschaftsstiftenden Geschichten liefern.

ForscherInnen wie wie die schon erwähnten Neal Roese und Amy Summerville verweisen in ihren Arbeiten immer wieder auf ein weit verbreitetes »Was wäre gewesen, wenn«-Denken, das viele Menschen, die eine »Fehlentscheidung« bereuen, begleitet – Fehler geben uns in diesem Sinne ungefragt Antwort auf eine eventuell gar nicht gestellte Frage. »Fehler« sind wie gesagt häufig Ereignisse oder Ergebnisse, die einfach nicht in Übereinstimmung mit unseren Annahmen und vor allem mit unseren Erwartungen stehen. Gerade im Hinblick auf das Zusammenleben könnte es manchmal hilfreich sein, sich nicht zu sehr auf die eigenen, vermeintlich richtigen Erwartungen zu versteifen. Fehler und Irrtümer, die mit unseren eingefahrenen Ansichten und Erwartungen brechen, können so erkenntnisreich sein. Wie in Leonard Cohens (auch von Schäfer zitiertem) berühmten Song »Anthem« besungen, dort lautet der Refrain: *There is a crack, a crack in everything, that's how the light gets in.*

LITERATUR:

Bertelsmann Stiftung: Gut gemeint – schlecht gemacht. Schwierige Förderprojekte gemeinsam neu ausrichten. Gütersloh 2016.

Bundesinstitut für Bau-, Stadt- und Raumforschung (BBSR) im Bundesamt für Bauwesen und Raumordnung (BBR) (Hg.): Jugend. Stadt.Labor. Wie junge Menschen Stadt gestalten. Bonn 2016.

Die Fabrikanten / Gemeinde Weibern / Neuner, Stefan: (Hg.): 150 m² Dorfbod'n. 100 Tage Dorfkultur. Eine Dokumentation. Wels: ar.te Verlag 2001.

Felerlos! Ideen zum Umgang mit Fehlern. In: Gstach, Isabell et al. (Hg.): Sozialatlas Steirische Eisenstraße. Lokales Wissen erfolgreich nutzen. Wien: mandelbaum verlag 2013, 163–168.

Giedenbacher, Yvonne et al.: Aus Erfahrung lernen. Gesundheitsförderung und soziale Teilhabe von Familien und älteren Menschen in Nachbarschaften. Ein Handbuch zur Initiative »Auf gesunde Nachbarschaft!«. Wien: Fonds Gesundes Österreich 2018.

Initiative Allianz für Beteiligung e. V.: (Neu)Land gestalten! Methoden und Praxisbeispiele für Bürgerbeteiligung in kleinen Städten und Gemeinden. Stuttgart 2016.

Passig, Kathrin / Scholz, Aleks: Verirren. Eine Anleitung für Anfänger und Fortgeschrittene. Berlin: Rowohlt 2010.

Roese, Neal / Summerville, Amy: What we regret most ... and why. In: Personality and Social Psychology Bulletin, Vol. 31, No. 9, September 2005, 1273–1285.

Schäfer, Jürgen: Lob des Irrtums. Warum es ohne Fehler keinen Fortschritt gibt. München: Bertelsmann 2014.

Ware, Bronnie: The Top Five Regrets of the Dying. London: Hay House 2012.

DER HUND IM BÜRO

Oder: Wie wir mit Spannungen und Konflikten umgehen – oder ihnen vorbeugen – können

Nein, nicht der Hund ist das Problem: Im Gegenteil, dem Hund wird sogar eine enorme friedensstiftende Kraft zugesprochen – das Schwanzwedeln aller Hunde der Welt könnte Kriege beenden, meint etwa die US-Künstlerin Sami Sunchild. Christof Brockhoff, Mitinitiator des Liechtensteinischen Festivals *MorgenLand* und des länder-übergreifenden *Ideenkanals* teilt diese Einschätzung, wird sie doch durch seine Erfahrungen mit sogar nur einem einzigen Hund in einer kleinen Büro- und Projektgemeinschaft bestätigt. Der schwanzwedelnde Hund im Büro zeigt beste Laune, seine Begeisterung ist ansteckend. Während die Menschen sich in Probleme, Konflikte oder alltäglichen »Stress« verbeißen und dabei oftmals auch das Schöne und Bemerkenswerte ihrer Unternehmungen – und vor allem das Gemeinsame – aus den Augen verlieren, verkörpert der Hund Begeisterungsfähigkeit und Lebensfreude pur, immerhin keine unwichtigen Zutaten, wenn es um Weltverbesserung geht. Und er wird nicht müde darin, dies seinen Menschen auch zu vermitteln.

Nun ist aber nicht immer ein Hund verfügbar, und es gibt vielleicht auch Spannungen oder Konflikte, deren Beseitigung nicht mehr in den Wirkungsbereich eines Vierbeiners fällt. Wo immer Menschen zusammenleben, entstehen Reibungsflächen. Immerhin treffen hier unterschiedliche Leute zusammen, unterschiedliche Charaktere und

Interessen. Das gilt für Situationen, in denen Menschen, ohne dass sie es sich vielleicht ausgesucht hätten, miteinander leben, ebenso wie für Aktivitäten, bei denen Menschen zusammenkommen, um miteinander etwas zu gestalten und zu bewegen. Das gilt für die alltägliche Nachbarschaft ebenso wie für Entscheidungsebenen »weiter oben« – auch politische Gremien haben schließlich nicht den Ruf, gemütliche Kaffeekränzchen zu sein! Bleiben wir aber in der Nachbarschaft und bleiben wir bei der Weltverbesserung.

Der Fonds Gesundes Österreich hat mit seinem Programm *Auf gesunde Nachbarschaft!* in den vergangenen Jahren etliche Kleinprojekte angestoßen und begleitet, in denen sich Menschen in ihrem unmittelbaren sozialen wie örtlichen Umfeld mit dem guten Zusammenleben (in dem Fall auch mit einem gesundheitsförderlichen Zusammenleben) beschäftigen, als Privatpersonen oder auch im Kontext kleiner lokaler Strukturen, Initiativen oder Vereine. Das klingt friedlich, ist es aber nicht immer: Oft genug war dabei der Anlass für die Weltverbesserung im Kleinen ja in einer Spannung oder einem Konfliktfall zu finden. Ganz ähnlich wie das Sozialfestival *Tu was, dann tut sich was.* fungierte das Programm mit seinem Aufruf, sich im Kleinen zu engagieren, ein wenig wie ein großer, produktiver Kummerkasten – oder, positiver formuliert, wie ein großer, bunter »Ideenkasten«: Nimm deine Nachbarschaft unter die Lupe! Was ist gut, was könnte vielleicht bald noch viel besser sein?

Größere oder kleinere Spannungen sind, wo Menschen zusammenleben, wohl allgegenwärtig. Das meint auch der Konfliktforscher Friedrich Glasl. Das Ausverhandeln von Interessen und Bedürfnislagen gehört zum tagtäglichen Zusammenleben – und ganz besonders wohl zum guten Zusammenleben – dazu. Die Frage ist nur, wie wir mit Differenzen, diesen ständigen Begleitern in unserem Leben, umgehen. Friedrich Glasl unterscheidet zwischen »kalten« und »heißen« Arten der Konfliktlösung. Damit meint er: Wir können Differenzen, die auf dem Tisch liegen, auf einer »Sachebene« oder in Form eines »reinigenden Gewitters« zu beseitigen versuchen. So vernünftig und naheliegend die Sachebene auf den ersten Blick erscheint, so groß ist, wenn man diesen Weg einschlägt, aber auch die Gefahr, dass die Sachlichkeit zum sprichwörtlichen Teppich mutiert, unter den ebenjene Aspekte gekehrt werden (und dort womöglich weitergären), um die es eigentlich geht: etwa Befindlichkeiten und Empfindlichkeiten, bestehende und nicht immer bediente Bedürfnisse nach Anerkennung und Wertschätzung oder Wünsche in Bezug auf Selbstwirksamkeit und Autonomie – und zwar jeweils unsere eigenen wie auch die der anderen Beteiligten. In anderen Worten gesagt: Jeder Konflikt mag wohl einen sachlichen Kern haben, den es zu bearbeiten oder zu bewältigen gilt, mindestens ebenso wichtig aber ist seine emotionale Komponente. Wird diese nicht berücksichtigt, kann es geschehen, dass das Lösen von Spannungen und Konflikten über Oberflächenkosmetik nicht hinausgeht. Interessanterweise zeigt sich, dass viele gute und gelingende Beispiele für die Weltverbesserung im Kleinen offenbar genau hier ansetzen und den (oft dicken und schweren) Teppich der Sachlichkeit zu lüften versuchen.

Auch die Wiener KollegInnen von *Auf gesunde Nachbarschaft!*, ihrerseits ExpertInnen für Weltverbesserung im Kleinen (und Größeren), können aus ihren Erfahrungen heraus einiges zum Umgang mit Konflikten empfehlen. Sie raten dazu, möglichst gelassen und gleichzeitig achtsam den Ursachen für Spannungen auf den Grund zu gehen, möglichst frühzeitig und rechtzeitig Konfliktpotenziale aufzuzeigen – und dabei tatsächlich das Gespräch zu suchen und nicht den Streit. Es liegt auf der Hand, dass vermutlich nicht jeder Charakter dieselben Anlagen für solches Handeln mitbringt (wie übrigens auch nicht jeder Hund gleich geeignet sein dürfte, die Stimmung zu heben). Auch hier wiederum helfen – wovon schon zuvor die Rede war: Menschen, die sozial aufmerksam durch das Leben gehen, die quasi als »soziale Seismographen« Spannungen, Bruch- und Verwerfungslinien frühzeitig wahrnehmen, ohne dabei Gespenster zu sehen; Menschen, die in der Lage sind, die Perspektive zu wechseln (oder einen Perspektivenwechsel anzustoßen), zuzuhören, die eigenen Interessen zu argumentieren und die (abweichenden) Interessen anderer ebenfalls gelten zu lassen. Zusammengefasst also Menschen, die über hinreichend »wertschätzende Konfliktfähigkeit« verfügen.

Manchmal können das Personen sein, die mittendrin stehen, manches Mal sind das aber auch moderierende Personen von außen – so auch in folgendem Beispiel, einem typischen Nachbarschafts- und gleichzeitig Generationenkonflikt in einer verdichtet gebauten Wohnanlage am Schöpfwerk in Wien-Meidling, das im von der Österreichischen Gesellschaft für Umwelt und Technik (ÖGUT) herausgegebenen »Handbuch Öffentlichkeitsbeteiligung« dokumentiert worden ist. Hier entzündete sich ein Konflikt, weil sich etliche der erwachsenen BewohnerInnen immer mehr an der Lärmbelästigung durch Jugendliche störten, die in der Anlage mit ihren Skateboards unterwegs waren. Der sachliche Ausweg läge auf der Hand, man müsste ja einfach nur das Skateboarden in der Anlage verbieten, Ende der Geschichte, Problem beseitigt. Aber würde das denn tatsächlich das Problem lösen? Man entschied sich in dieser Siedlung für einen anderen Weg, oder besser gesagt, man ließ sich auf die Intervention durch – lokal vertraute, sozial versierte – MitarbeiterInnen des zuständigen Stadtteilzentrums ein.

Durch die behutsame Einmischung von außen gelang es, den unterschiedlichen Interessen Gehör zu verschaffen und die Konfliktparteien in einen guten Austausch zu bringen. So kam es zu einer tatsächlichen Verständigung unter den Beteiligten, in der auch die – durchaus auf beiden Seiten hochkochenden – Emotionen Platz hatten: Die Jugendlichen bekamen die Möglichkeit, ihr (aus ihrer Sicht nicht bzw. nicht ausreichend erfülltes) Bedürfnis nach Freiräumen in der Wohnanlage oder im Nahbereich davon öffentlich zu äußern, sie konnten umgekehrt aber im Zuge von Wohnungsbegehungen auch selbst die Erfahrung machen, welcher Lärmpegel mit ihrem Hobby in der betroffenen Umgebung zwischen schallverstärkenden Betonwänden tatsächlich einhergeht. Die Erwachsenen konnten den Jugendlichen die (aus ihrer Sicht unerträgliche) Lärmbelästigung für diese nachvollziehbar demonstrieren, durch die Vermittlung konnten sie aber vor allem auch das dringende Anliegen der Jugendlichen und ihr verständliches Bedürfnis nach *ihrem* Platz im öffentlichen Raum besser nachvollziehen. Sie halfen dann auch gerne mit, im unmittelbaren Umfeld der Wohnanlage einen geeigneten Ort für einen Skatepark zu finden und die politischen EntscheidungsträgerInnen davon zu überzeugen, diesen dort auch einzurichten – selbstverständlich unter Einbeziehung der Jugendlichen. Das Ergebnis war nicht ein lediglich »kalt«, in der Sache beigelegter Konflikt, sondern eine von allen Beteiligten für gut und wünschenswert befundene Lösung – und vor allem eine Lösung, die gemeinsam erreicht worden ist! Im Zentrum standen dann nicht mehr der Konflikt, die Vorwürfe und das Unverständnis füreinander, sondern das Gemeinsame. Wesentlich dabei war wohl ein neues Verständnis füreinander, die Einsicht, dass beide Seiten (auch die jungen Leute!) gut begründete Ansichten haben können – und schließlich die Erfahrung, dass man für das gute Zusammenleben erfolgreich an einem Strang ziehen und Differenzen somit überbrücken kann.

Ein Beispiel, in dem die von Spannungen betroffenen Personen selbst aktiv geworden sind, hat sich das Servicebüro zusammen›wohnen‹ des Landes Steiermark genauer angesehen, nämlich die Grazer Nachbarschaftsinitiative *Breitenweg.Schöner.Machen*. Zwar lebt es sich hier deutlich weitläufiger und großzügiger als in der oben beschriebenen Wohnsiedlung in Wien-Meidling, dennoch kam es immer wieder zu nachbarschaftlichen Spannungen, dennoch mangelte es an »Wir-Gefühl« und war das Zusammenleben nicht so gut, wie es vielleicht hätte sein können. Und dann war da noch diese graue, triste Betonwand der Tiefgarageneinfahrt, die einem schon auf die Laune schlagen konnte. Diese Betonwand erwies sich als »Stein des Anstoßes« im wortwörtlichen Sinne – und um daran etwas zu ändern, wurde von den Menschen am Breitenweg versucht, zu einer gemeinsamen Lösung zu finden. Das Ergebnis war ein buntes Mosaik, gestaltet von den BewohnerInnen, von Alt und Jung gemeinsam. Vielleicht war diese Garagenwand am Breitenweg dann so etwas wie ein »Hund im Büro« – ein sichtbares Zeichen für Lebensfreude, eine bleibende Erinnerung für die Breitenweg-BewohnerInnen an das Miteinander. Denn die an sich ja lediglich bauverschönernde Maßnahme hat sich durchaus sozial bemerkbar gemacht: In der Folge hat sich nämlich in der Anlage ein reges Gemeinschaftsleben entwickelt, mit weiteren Aktionen zur Verbesserung des Zusammenlebens, Aktivitäten des Zusammenkommens und zur Verschönerung des Wohnraums, darunter auch das Schaffen guter Kommunikationsstrukturen – damit kleine nachbarschaftliche Herausforderungen und Probleme einfach und rechtzeitig angesprochen und gelöst werden können und sich somit vielleicht gar nicht erst zu Konflikten auswachsen.

Stichwort Kommunikationsstrukturen: Gute Kommunikation dürfte wohl eine wichtige, wenn nicht die wichtigste Voraussetzung sein, um mit unterschiedlichen Auffassungen, Einstellungen, Interessen oder Zielsetzungen gut umzugehen – das gilt nicht nur dort, wo es ums Aufspüren der Handlungsfelder für die Weltverbesserung im Kleinen geht, sondern auch für daraus folgende Aktivitäten, in der Zusammenarbeit, im sozialen Nahbereich, so wie etwa in einem kleinen Projektteam, wie es mit Christof Brockhoffs Erfahrungen aus einer kleinen Büro- und Projektgemeinschaft eingangs angesprochen wurde. Unterschiede sind per se noch keine Konflikte, aber sie können zu Konflikten führen, wenn sie nicht adressiert werden. Und hier spielt uns leider unsere Psychologie einen kleinen, potenziell folgenreichen Streich.

Die meisten Menschen mögen Konflikte nicht besonders. Wir schätzen es, wenn wir mit anderen Menschen weitgehend einer Meinung sind und unsere Ansichten in etwa auf einer Linie sind. Wir schätzen diesen Zustand sogar so sehr, dass wir nicht selten einfach von einer Übereinstimmung ausgehen, zumal wenn wir einen konkreten gemeinsamen Kontext, etwa das Lebensumfeld, miteinander teilen. Sollten wir da nicht sehr ähnliche Vorstellungen davon haben, was erstrebenswert ist, was gut ist, was weniger gut ist und was sich verbessern könnte? Man sollte es meinen. Jedoch öffnen wir gerade damit möglichen Unstimmigkeiten und Konflikten Tür und Tor. Wie das?

In der Psychologie ist hier von einer Art »naivem Realismus« die Rede; das bedeutet, dass wir nicht nur ganz selbstverständlich davon ausgehen, dass wir die Welt *objektiv* sehen und beurteilen, sondern auch annehmen, dass andere Menschen um uns die Welt wohl genauso sehen und einschätzen müssen wie wir: Andernfalls seien sie wohl entweder unvernünftig, eventuell ungenügend informiert, oder aber schlichtweg dumm. Studien haben gezeigt, dass dieser Hang zur angenommenen Übereinstimmung sich sogar auf unsere Vorstellungen von der Zukunft erstreckt, also möglicherweise auch auf unsere Vorstellungen von Weltverbesserung. Wir nehmen für aus unserer Sicht wünschenswerte Entwicklungen einen Konsens als gegeben an. Allerdings erweist sich diese Annahme eben nicht immer als richtig. Vielmehr erweist sich das, was so viele nicht so gerne erleben, als alltägliche, gelebte Realität: offene oder verdeckte Meinungsunterschiede, kleinere oder größere Spannungen und Konflikte.

Wie gesagt, kaum jemand mag Konflikte. Also braucht es Konfliktfähigkeit – und dafür wiederum auch Konfliktverständnis. Der Experte für Bürgerbeteiligung (und unter anderem auch für Konfliktmanagement) Reinhard Sellnow hat in einem Praxisbuch für die deutsche Stiftung Mitarbeit einige Denkfehler ausgemacht, die auch im Bereich des Engagements fürs gute Zusammenleben Basis für Konflikte sein können: etwa Probleme als objektive (und, siehe oben, von anderen ebenso verstandene) Fakten misszuverstehen (während es sich häufig eher um kollidierende Meinungen, Sichtweisen oder ähnliche subjektive Ansichten handeln kann); oder, lineare und vor allem monokausale Ursachen- und Lösungsketten für Probleme anzunehmen (was in komplexen Zeiten und in einer vielfältigen Gesellschaft eher selten zutreffen dürfte); und schließlich, all dies als Common Sense vorauszusetzen. Denkfehler haben den Vorteil, dass man sie finden und beheben kann. Kommunikation zu pflegen, könnte hier helfen. Dabei kreativ zu werden, auch. Nicht ohne Grund betitelt Sellnow seinen Ratgeber so: »Die mit den Problemen spielen«. Der dicke Teppich und der Problembesen sind jedenfalls wohl nicht die beste Lösung.

Davon gehen auch die AutorInnen des »Initiativen-Kochbuchs« aus, die ebenfalls einige Hinweise geben, wie man Konflikte verstehen lernen und ihnen so vielleicht auch vorbeugen könnte. Dazu zählt, im Ernstfall zu unterscheiden, um was für eine Art von Konflikt es sich handelt, ob es etwa um einen Interessenskonflikt geht, um widerstreitende Werte oder gar um falsch oder gar nicht kommunizierte Informationen. Diese Klärung kann dabei helfen, die Fragen, um die es sachlich tatsächlich geht, aufzufinden, aber auch dabei, die Ausgangspositionen, Erwartungen und damit die ebenso wichtigen »heißen«, emotionalen Aspekte von Spannungen zu identifizieren. Besser aber ist es, Konflikte gar nicht erst eskalieren zu lassen. »Wunderlösungen« bietet das »Initiativen-Kochbuch« dafür keine an, aber einen sehr pragmatischen Ansatzpunkt: nämlich nicht zu übersehen, dass Konfliktmanagement schon anfängt, bevor ein Konflikt überhaupt geboren wird. Wie das zu verstehen ist, wird die Leserin und den Leser wohl nicht mehr überraschen: Einmal mehr geht es um aufmerksames Miteinander, Gespräche, Zuhören von Anfang an. Wenn dann doch Spannungen bemerkbar werden sollten (was sich selten ganz vermeiden lassen wird) und kein Hund bei der Hand ist, der sich der Sache annimmt, können niederschwellige Hinweis-Systeme helfen. Vielleicht ein »Kummerkisterl«, wie es ein Leitfaden des österreichischen Sozialministeriums zur erfolgreichen Umsetzung von Projekten zum guten Zusammenleben für ältere Menschen vorschlägt? In einem solchen »Kisterl« könnten Sorgen, Bedenken und Probleme, die im Tun auftreten, (eventuell sogar anonym) abgeladen und in der Folge – mit möglicherweise nötigem Abstand – bearbeitet, als Konflikte hoffentlich bereinigt oder als Unterschiede akzeptiert werden.

Eine wertschätzende und konstruktive, achtsame und wo nötig gelassene Konfliktfähigkeit, die durchaus auch je nach Situation im Sinne eines Aushaltens von Unterschieden verstanden werden kann, zu kultivieren, klingt vielleicht einfach, ist aber doch voraussetzungsreich. Das dürfte auch für das Glück und die Kunst der Hundehaltung gelten. Was allerdings sicherlich für beides, die Pflege von Konfliktfähigkeit wie auch für die gute Hundehaltung, gelten kann: Es wird sich für diejenigen, die sich darauf einlassen, lohnen.

LITERATUR:

Brockhoff, Christof: The MorgenLand Festival: An Attempt to Empower the Youth. In: Kapferer, Elisabeth et al. (eds.): The Logics of Change. Newcastle upon Tyne: Cambridge Scholars Publishing 2012, 40–57.

Bundesministerium für Arbeit, Soziales und Konsumentenschutz (Hg.), Hechl, Elisabeth et al.: Erfolgreich Projekte initiieren! Ein Leitfaden für Seniorinnen und Senioren, die sich selbstbestimmt engagieren möchten. Wien 2015.

Fahrun, Heike et al.: Initiativen-Kochbuch. Engagement selbst gemacht. Einstieg ins Projektmanagement. Ein Handbuch des Theodor-Heuss-Kollegs. Berlin 2015.

Fleischanderl, Ulrike et al.: Auf gesunde Nachbarschaft! Hinschauen, ins Gespräch kommen, aktiv werden! Tipps und Ideen für alle, denen gute Nachbarschaft am Herzen liegt. Wien: Fonds Gesundes Österreich 2015.

ÖGUT (Hg.), Arbter, Kerstin et al.: Das Handbuch Öffentlichkeitsbeteiligung. Die Zukunft gemeinsam gestalten. Wien: ÖGUT 2005.

Rogers, Todd et al.: The Belief in a Favorable Future. In: Psychological Science (2017), Vol. 28 (9), 1290–1301.

Servicebüro ›zusammen›wohnen‹: Engagierte Nachbarschaften. Tipps für Miteinander. Graz: Land Steiermark 2018.

Stiftung Mitarbeit (Hg.), Sellnow, Reinhard: Die mit den Problemen spielen ... Ratgeber zur kreativen Problemlösung. 9. überarbeitete und erweiterte Auflage. Bonn 2012.

Thiele, Christian (Interview mit Friedrich Glasl): »Konfliktfähige Menschen erleben Unterschiede als bereichernd«. In: Psychologie Heute 05/2017, 28–32.

»UBUNTU«!

Oder: Warum wir gemeinsam mehr erreichen

In der afrikanischen Philosophie gibt es ein Wort, das in drei Silben eine ganze Lebensweise oder besser gesagt Lebenshaltung beschreibt: Es lautet »ubuntu«. Für den berühmten Friedensnobelpreisträger Desmond Tutu ist »ubuntu« ein zentraler Begriff, wenn es darum geht, wie Menschen ihr Leben und ihr Miteinander gestalten (sollen). In einem Interview hat er die Bedeutung von »ubuntu« einmal so umschrieben: Wir Menschen sind Menschen nur durch andere, wir können Mensch sein und Mensch werden nur im Umgang mit anderen, in Gemeinschaft. Desmond Tutu versteht das ganz umfassend: Dass er nämlich in der Lage ist, diese Gedanken zu äußern, das verdankt er schließlich anderen Menschen, zum Beispiel in dem Sinne, dass er durch andere Menschen zu sprechen und zu denken gelernt hat. Und was er aus solchen Gaben nun macht, steht wiederum in Zusammenhang mit anderen Menschen, prägt diese vielleicht und erfährt wiederum im Austausch mit diesen weitere Entwicklung. In dieser Haltung liegt somit die starke grundlegende Überzeugung, dass unser Denken und unser Handeln, unsere Visionen und Träume und unsere Taten keine isolierten »Inseln« in der Welt darstellen, sondern dass wir Menschen miteinander in verantwortlicher Weise verbunden sind – auch in Hinblick auf das, was wir zum Besseren verändern können.

Auf ganz ähnliche Einstellungen ist die Autorin Maike van den Boom gestoßen, als sie herausfinden wollte, was eigentlich in den sogenannten glücklichsten Ländern der Welt den entscheidenden, glücksbringenden Unterschied ausmacht. Dazu hat sie mit Menschen aus den unterschiedlichsten Handlungsfeldern und Professionen, mit ForscherInnen ebenso wie mit Leuten auf der Straße, gesprochen. Und ob in Kanada oder in Australien, in Lateinamerika oder in Skandinavien, immer wieder kam die Rede ihrer vielen GesprächspartnerInnen auf das Prinzip der Gemeinschaft. Andere Menschen um sich zu haben, das Gefühl der Verbundenheit mit anderen Menschen, Anteilnahme an anderen Menschen und Respekt, auch im Fall von unterschiedlichen Ansichten, erscheinen als Schlüssel zu einem gelingenden Miteinander und zu mehr Wohlergehen, ja Glück – nicht die schlechteste Motivation, Gemeinschaft zu pflegen.

Aber wer sind nun diese »anderen« Menschen? »Gemeinschaft« bieten in erster Linie die Familie und der (durchaus erweitert gedachte) Freundeskreis, vielleicht auch noch die engeren Kontakte im beruflichen Umfeld; es sind hier also einmal jene Beziehungen, die uns Halt geben, in die wir quasi hineingeboren werden beziehungsweise in die wir hineinwachsen und für die wir uns idealerweise selbst entscheiden. Zahlreiche psychologische und sozialwissenschaftliche Forschungen zeigen darüber hinaus die große Rolle des Dazugehörens zu werte- oder interessengeleiteten Gruppen als verlässliche Quellen von Gemeinschaftserfahrungen. So wirken etwa die Zugehörigkeit zu einer Kirchengemeinde, die Mitgliedschaft in einem Gesangs- oder Sportverein, Lesezirkel oder Schachclub nachweislich und nachhaltig glücksfördernd; das Nämliche gilt auch für ehrenamtliches, bürgerschaftliches Engagement. Studien belegen, dass die hier erlebte Verbundenheit sich nicht nur auf das allgemeine Wohlbefinden, sondern auch auf die physische und psychische Gesundheit der jeweiligen Personen positiv auswirkt. Freilich handelt es sich hier jeweils um relativ »homogene« Beziehungen, die, so van den Boom, oft auch nicht sehr viel weiter reichen als »bis zur eigenen Haustür« – oder bis zur Tür der Lieblingskneipe. Es spricht jedoch etliches dafür, nicht an der eigenen Haustür oder Kneipentür stehen zu bleiben, sondern lieber den Radius auszuweiten und auch einmal vor der Tür nach interessanten, neuen Kontakten und Begegnungsangeboten Ausschau zu halten. Denn wer sagt denn, dass Gemeinschaft immer nur in den Bahnen des Gewohnten und Vertrauten möglich ist? Könnten nicht gerade neue, vielleicht bewusst gesuchte oder ermöglichte Gemeinschaftserfahrungen das persönliche, vor allem aber auch das soziale Wohlbefinden steigern und zu einem besseren, »gesünderen« Miteinander beitragen?

Weltverbesserung im Kleinen kann in ganz unterschiedlichen Kontexten stattfinden. Das soziale Gefüge »Nachbarschaft« ist einer davon, auf den wir uns in diesem Kapitel konzentrieren wollen. Historisch betrachtet war »Nachbarschaft« wohl neben der Familie der Ort schlechthin, an dem Gemeinschaft zum Wohle aller – man könnte eigentlich sagen, ganz im Sinne von »ubuntu« – gelebt wurde, ja gelebt werden musste. Für die breite Masse war das Funktionieren dieser »Schicksalsgemeinschaft« von existenzieller Bedeutung und damit eine existenzielle, wechselseitige Verpflichtung; ob Ernteausfälle, Krankheits- oder Todesfälle, Feuer oder Naturkatastrophen, die Nachbarn unterstützten einander und durften sich umgekehrt auf Hilfe im Notfall verlassen. Keineswegs soll diese kaum je frei gewählte und sicherlich nicht immer konfliktfreie soziale Nähe historischer – und sozial weitgehend homogener – Nachbarschaften hier in irgendeiner Weise verklärt werden. Nicht umsonst ist in einer Studie zum historischen Dorfleben auch von Nachbarschaft als einer »Not- und Terrorgemeinschaft« die Rede, und in einem vom Forum Seniorenarbeit NRW herausgegebenen Themenheft zur »Nachbarschaft« wird etwas weniger drastisch, aber immer noch deutlich von »Zwangsnähe« gesprochen. Fest steht jedenfalls, dass Nachbarschaft heute in etlichen Aspekten häufig anders aussieht: Räumliche Nähe im Sinne von Postadressen-Nachbarschaft bedeutet nicht mehr unbedingt auch, dass man sich kennt oder gar Anteil aneinander nimmt. »Gute Nachbarschaft« hingegen beruht nach wie vor auf den wesentlichen Merkmalen, die Nachbarschaft von jeher kennzeichnen: Nähe und Vertrautheit. Und nach wie vor lässt sich damit für die Weltverbesserung im Kleinen bestens arbeiten, auch (und gerade auch) in Nachbarschaften der Vielfalt.

Wie kann man nun aber in der je eigenen Nachbarschaft – wie auch immer man ihre Reichweite versteht – zum guten sozialen Miteinander beitragen? Der amerikanische Autor und Aktivist Jay Walljasper hat aus den unterschiedlichsten Gegenden und Ländern vielfältige Beispiele dafür gesammelt, in denen Menschen sich selbst einen Ruck gegeben haben oder andere dazu ermutigt haben, gemeinsam neue Begegnungsangebote zu schaffen oder sich im Sinne der kleinen Weltverbesserung zusammenzutun.

In einem Vorort von Toronto etwa hat ein Bewohner namens David Marucci eine Bank vor seinem Haus aufgestellt – nicht im Garten, sondern an der Straße, wo die Nachbarschaft, Jung und Alt, täglich vorbeikommt, eine Bank also für jedermann. Anfängliche erstaunte und skeptische Kommentare verliefen sich bald im Sande, denn die Menschen nahmen das Angebot durchaus wahr und nahmen es an: Diese Bank steht hier für dich! Die Bank wurde zu einem Treffpunkt, der die Nachbarschaft beleben konnte und den Austausch und das Miteinander immens verbessert hat. Marucci selbst berichtet von neuen Kontakten und sogar Freundschaften mit Menschen, denen er sonst wohl nie begegnet wäre. – Eine ganz ähnliche Erfahrung hat der amerikanische Soziologe Ray Oldenburg gemacht. Nach einem Umzug aus einer bunt durchmischten, sozial sehr aktiven Nachbarschaft in einen Vorort der in Florida gelegenen Stadt Pensacola vermisste er die früheren, sich wie »selbstverständlich« ergebenden Kontakte mit den Leuten in der Nachbarschaft. Um ein wenig mehr soziales Leben in die Gegend zu bringen, wandelte er deshalb kurzerhand seine Garage in eine zweimal die Woche geöffnete Begegnungszone um, gemütliche Sitzgelegenheiten, einen gut ausgestatteten Getränkeschrank inbegriffen – offen für alle, angenommen von sehr vielen, unterschiedlichsten Personen aus Oldenburgs Umfeld.

Ein Stadtteil von Seattle wiederum, der an sich durchaus Charme aufweist, war über Jahrzehnte mit leerstehenden Ladenlokalen konfrontiert, die dem Viertel einen höchst unwohnlichen und desolaten Touch verliehen und für die einfach keine Geschäftstreibenden gewonnen werden konnten. Aus einer der dazu organisierten AnwohnerInnen-Versammlungen heraus formierte sich dann eines Tages eine Idee: Könnte man die heruntergekommenen Gebäude nicht zumindest – mit künstlerischer Unterstützung – mit Wandgemälden von Alltagsszenen versehen, so wie sie sich die Leute für ihr Viertel wünschen würden, etwa vom Treiben in einem kleinen Eissalon und darum herum? Man konnte, und das mit durchschlagendem Erfolg. Die Verschönerung der Straße verbesserte nicht nur erheblich die Atmosphäre und damit die Lebensqualität der BewohnerInnen, sondern weckte auch tatsächlich die Vorstellungskraft von Geschäftsleuten – nach und nach verschwanden die Wandbilder und echte Lokale und Geschäfte wurden wiedereröffnet. Man kennt das als bewährte Strategie aus dem Spitzensport oder von Top-UnternehmerInnen: Man muss sich Erfolge nur gut genug vorstellen und sich in sie »hineinfühlen«, dann treten sie mit höherer Wahrscheinlichkeit auch tatsächlich ein. Diese Nachbarschaft hat gezeigt, dass das offenbar auch im sozialen und sozialräumlichen Kontext gelingen kann.

Ähnlich wie eine ganz andere Nachbarschaft in den Niederlanden: Denn denken Sie einmal an die heutzutage in vielen Städten verbreiteten verkehrsberuhigenden Veränderungen wie zum Beispiel erhöhte Fußgängerübergänge, Langsamfahr-Schwellen oder durch bauliche, manchmal auch mit Bepflanzung verbundene Maßnahmen verschmälerte Straßenbereiche. – Jay Walljasper erzählt dazu eine Anekdote, derzufolge die Idee ursprünglich auf eine Bewohnerinitiative in einer Straße in der Stadt Delft zurückgeht. Die vom Lärm und den Gefährdungen durch rasende VerkehrsteilnehmerInnen entnervte Anrainerschaft hatte in einer gemeinsamen Aktion kurzerhand Teile ihrer Straße mit Sofas, Pflanzen und anderen gemütlichen Wohnzimmeraccessoires bestückt und den Autoverkehr somit grundlegend entschleunigt. Zwar musste die Polizei dieser Aktion bald ein Ende setzen, die gute Idee dahinter wurde allerdings von den Behörden aufgegriffen, und das längst nicht nur in Delft, wie wir wissen.

Eine Bank, die Gemeinschaft aufleben lässt; Begegnungsangebote, die zu Ideen für die ansprechendere Gestaltung des Viertels führen; ein handfestes Problem, das die Betroffenen in Eigeninitiative gemeinsam schultern und kreativ zu lösen versuchen – das alles sind Beispiele, wie gelebtes Miteinander und Füreinander unsere Welt (wieder) zu einem besseren Ort machen können. Auch in der Geschichte des Sozialfestivals *Tu was, dann tut sich was.* finden sich etliche Beispiele, wie eine (neue) Gemeinschaft angestoßen werden kann, ebenso wie dafür, wie eine (bestehende) Gemeinschaft für die Weltverbesserung fruchtbar gemacht werden kann. Für beides wollen wir noch je ein kleines Beispiel aus dem Sozialfestival vorstellen.

In Zeiten, in denen traditionelle Begegnungszonen (wie etwa der Kirchenvorplatz am Sonntagvormittag, der anschließende Stammtisch beim Wirt nebenan, die Dorflinde oder der Dorfbrunnen) an Bedeutung verlieren oder aus dem Orts- und Nachbarschaftsbild verschwinden, braucht es neue, vielleicht auch andere Angebote und Formen der Gemeinschaftspflege. Viele der Aktivitäten im Rahmen von *Tu was* waren von diesem Anliegen getragen. In einer kleinen Gemeinde im oberösterreichischen Mühlviertel haben sich einige Leute zusammengetan, um einen brach liegenden Grünstreifen mitten im Ort in einen offenen Kräutergarten zu verwandeln. Sitzgelegenheiten laden zum Verweilen ein, gepflegt wird die Anlage von allen BewohnerInnen gemeinsam. Der Garten ist zu einem Treffpunkt geworden, der Groß und Klein, Alt und Jung anzieht. Der Garten gedeiht, und mit ihm die Gemeinschaft – und da war doch noch die Idee einer Blumenwiese ... warum eigentlich diese Idee nicht auch noch umsetzen?

In Zeiten, in denen auch am Land traditionelle Familien- und Wohnformen (wie etwa die Mehrgenerationenfamilie) seltener werden, kann das Verständnis und Interesse der Generationen füreinander nachlassen oder gänzlich verloren gehen. Und das bleibt nicht folgenlos. In einer obersteirischen Gemeinde zum Beispiel haben solche Entwicklungen eine Zeit lang zu erheblichen nachbarschaftlichen Konflikten geführt, konkret aufgrund der unmittelbaren räumlichen Nähe eines Jugendtreffs mit einer großen, gerne genutzten Freifläche einerseits und einer Schrebergartenanlage, die vorwiegend von älteren Leuten betreut wird, andererseits. Fußbälle im Gemüsebeet waren nur ein Aufhänger für Ärger und Unverständnis auf beiden Seiten. Die Jugendlichen, ein eingespieltes Team und eigentlich nicht auf Nachbarschaftskonflikte aus, kamen dann zu dem Entschluss, das ändern zu wollen. Mit vereinten Kräften gelang es, einen neuen Zaun mit Fangnetzen zu errichten und im Zuge dessen auch gleich den Gartenbereich um einiges zu verschönern. Die älteren Nachbarn wiederum nahmen diese Bemühungen erfreut wahr und zum Anlass, auch ihrerseits einen besseren, wertschätzenderen Kontakt zu den jungen Leuten herzustellen. »Über den Zaun« kam man somit neu ins Gespräch – und auch wenn sich in der Folge nicht jede Unstimmigkeit in Luft auflösen ließ, war es doch deutlich leichter, Dinge rechtzeitig und auf kurzem Wege und wohlwollender als früher anzusprechen und zu klären. Man hatte ja schließlich gemerkt, dass beide Parteien einander nichts Böses wollen.

Jay Walljasper, der Experte für gute Nachbarschaft, hat Hinweise und Tipps zusammengetragen, wie Gemeinschaft und gutes Zusammenleben gut und besser gelingen kann. Initiativen und Aktivitäten wie die hier und in anderen Kapiteln beschriebenen erfüllen einige solcher Kriterien, zeigen also Charakteristika, die einen Unterschied machen können. Offene (und möglichst konsumfreie) Begegnungsräume anbieten, gemeinsame Aktivitäten und gemeinsame Muße ermöglichen, unterschiedliche Interessen und Bedürfnisse ansprechen und berücksichtigen, das sind nur einige der wichtigsten Schritte zum Erfolg. Initiativen und Aktivitäten wie die beschriebenen zeigen auch, was im Sinne des guten Zusammenlebens möglich ist, wenn Menschen sich in ihrem unmittelbaren nahräumlichen Umfeld über gemeinsame Sorgen und Ziele verständigen. Ray Oldenburg, der sich Gedanken über sozialverträgliche und -zuträgliche Orte des Zusammenkommens und der Gemeinschaft gemacht hat, weist in diesem Zusammenhang darauf hin, wie wichtig nicht nur die Gelegenheit, sondern auch der Wille zum »Gemeinsam-Sein« ist. Oldenburg stellt hier mit einem im Englischen möglichen, feinen Wortspiel eine Verschiebung fest: von einer im Alltag integrierten »community time«, also einer sozial verbrachten Zeit des *Miteinanders* zwischen Arbeitszeit und Familienzeit, hin zu immer mehr »commuting time«, also einer zumeist allein verbrachten Zeit eher des *Gegeneinanders* auf den verkehrsüberlasteten Wegen zwischen Arbeit und Familie – spätestens hier wird klar, warum zum Beispiel Mitfahrbörsen eine gute Gelegenheit zur Weltverbesserung im Kleinen sein können! Es ist also auch eine Kulturfrage. Und das heißt wiederum: Wir haben es auch selbst in der Hand.

In diesem Sinne: Gepflegte, kultivierte Nachbarschaften erweisen sich immer wieder als fruchtbares Terrain für die Weltverbesserung im Kleinen. Nachbarschaft meint, bei aller möglichen Vielfalt und Unterschiedlichkeit der Beteiligten, eine gemeinsame Basis oder einen gemeinsamen Boden zu teilen. Wenn es gelingt, Interesse und Achtsamkeit für diesen gemeinsamen Boden zu wecken und zu erhalten, wird aus bloß räumlicher Nähe (wieder) gemeinschaftliche »Sorgenähe«. Weltverbesserung im Kleinen ist möglich, wenn aus dieser Dynamik gemeinsames Tun entsteht, das dem Wohlergehen und dem guten, dem besseren Zusammenleben aller dient. Oder in einem Wort ausgedrückt: »ubuntu«!

LITERATUR UND QUELLEN:

Bischof Desmond Tutu erklärt Ubuntu. Interview mit Uli Jäger. Institut für Friedenspädagogik Tübingen e. V. 2009. youtube.com/watch?v=E625cR7zcws

Inforeihe des Forum Seniorenarbeit NRW (Hg.): Alte Ideen unter neuen Vorzeichen?! Nachbarschaft heute. = Im Fokus. Seniorenarbeit in Bewegung, Heft 02/2015.

Interview mit Ray Oldenburg des Büroeinrichters »Steelcase«. steelcase.com/eu-de/forschung/artikel/themen/design-q-a/interview-mit-ray-oldenburg/

Jeggle, Urz / Ilien, Albert: Die Dorfgemeinschaft als Not- und Terrorzusammenhang. Ein Beitrag zur Sozialgeschichte des Dorfes und zur Sozialpsychologie seiner Bewohner. In: Wehling, Hans-Georg (Hg.): Dorfpolitik. Opladen: Leske und Budrich 1978, 38–53.

Kapferer, Elisabeth / Sedmak, Clemens: Nähe, die bestärkt. – *Tu was* und die Nachbarschaft. In: Gstach, Isabell et al. (Hg.): Sozialatlas Steirische Eisenstraße. Lokales Wissen erfolgreich nutzen. Wien: mandelbaum verlag 2013, 143–145.

Oldenburg, Ray: Celebrating the Third Place. Inspiring Stories about the »Great Good Places« at the Heart of Our Communities. New York: Marlowe & Company 2001.

Schäfer, Annette: Gemeinsam glücklich. Warum Gruppen unser Leben bereichern. In: Psychologie Heute 06/2015, 18–22.

Van den Boom, Maike: Wo geht's denn hier zum Glück? Meine Reise durch die 13 glücklichsten Länder der Welt und was wir von ihnen lernen können. Frankfurt am Main: Fischer Taschenbuch 2016.

Walljasper, Jay: 16 Ways to Make Your Neighborhood Safer, Greener & Fun. onthecommons.org/magazine/16-ways-make-your-neighborhood-safer-greener-and-more-fun

Walljasper, Jay: 25 Tips for Making Your Neighborhood Better. onthecommons.org/magazine/25-tips-making-your-neighborhood-better

TU WAS!

*Oder: Wie wir Aktivitäten anstoßen und Kooperation
und Gemeinschaft fördern können*

Wir haben im vorigen Kapitel beschrieben, welchen Mehrwert Kooperation haben kann und wie wichtig das aktive und in Aktivitäten mündende Pflegen von Gemeinschaft im Sinne der Weltverbesserung im Kleinen sein kann – gerade auch dann, wenn Gemeinschaft weiter und breiter gedacht wird als in den gewohnten und vertrauten Strukturen und wenn die bunte Vielfalt und die Unterschiedlichkeit von Nachbarschaft aufgegriffen und genutzt wird. In diesem Kapitel geht es nun darum, welche Rolle eine breiter angelegte Initiative, die sich der Pflege des guten Zusammenlebens verschrieben hat, für das Anstoßen und Fördern von Gemeinschaft spielen kann. Wir erzählen hier aus unseren eigenen Erfahrungen, also »aus dem Nähkästchen«.

Projekte oder Programme, die Menschen anregen wollen, sich – meist auf nahräumlicher, lokaler Ebene – für ehrenamtliche Tätigkeiten und soziales Engagement zu begeistern, erleben in den letzten Jahren einen bemerkenswerten Aufschwung. Beispiele wie die bereits erwähnten, etwa *Big Local* in Großbritannien, der länderübergreifende *Ideenkanal* oder das österreichische Gesundheitsförderungsprogramm *Auf gesunde Nachbarschaft!*, aber auch punktuelle, niederschwellige Mitmach- und Ausprobier-Angebote wie zum Beispiel Freiwilligentage erhalten großen Zuspruch und stoßen auf große Resonanz. Häufig handelt es sich dabei um Konzepte oder, anders ausgedrückt,

»Rahmenangebote«, die auch alternative oder sogenannte »neue« Beteiligungsformen und -formate eröffnen. Und wir sehen, dass viele Menschen offenbar genau auf solche neuen Möglichkeiten der Partizipation ansprechen. Nicht jede oder jeder will sich unbedingt im Rahmen traditioneller Vereine oder ähnlicher Organisationen engagieren. Manche Leute scheuen den damit verbundenen zeitlichen Aufwand und das Gefühl einer vielleicht sogar längerfristigen »Verpflichtung«, die damit zusammenhängen kann. In Zeiten einer allgemeinen Reiz- und Angebotsüberflutung will man außerdem vielleicht einfach auch einmal (ganz »Biedermeier«) privat bleiben dürfen und will man vielleicht einfach auch gelegentlich »seine Ruhe haben«. Dennoch: Niederschwellige Angebote, die neugierig machen und nicht sofort große Verbindlichkeit verlangen, können hier attraktiv sein und zumindest einmal zum Anschauen und Ausprobieren motivieren. – Denn ein wenig Weltverbesserer-Gen steckt offenbar doch in uns allen …?

Zu solchen Initiativen zählt auch das Sozialfestival *Tu was, dann tut sich was.* mit seinem Anliegen, Menschen zu motivieren, sozial kreativ zu werden, dabei andere Menschen kennenzulernen und auch mit anderen gemeinsam Akzente für gutes Zusammenleben zu setzen. Wir erinnern uns: Der Gedanke im Hintergrund bei *Tu was* war es, dass neben jenen, die sich ohnehin und gerne engagieren und wichtige Stützen des zivilgesellschaftlichen Zusammenlebens bilden, noch etliches an Potenzial schlummern könnte. So müsste es im Rahmen eines ansprechend gestalteten Sozialfestivals doch möglich sein, diese Potenziale anzustupsen und vielleicht sogar zu heben. Die Idee dabei war, dass die Möglichkeit, sich kurzfristig und ohne weitere Verpflichtungen oder langfristige Bindungen für eine gute Sache zu engagieren, auch Menschen ansprechen könnte, die vielleicht weniger mit traditionellen ehrenamtlichen Strukturen anfangen können. Und die Hoffnung dabei war, dass diejenigen, die sich beteiligen, dann Feuer fangen und sich auch in Zukunft weiterhin engagieren möchten – womöglich auch in Kooperation mit anderen Leuten, die sie bei den zahlreichen Veranstaltungen und Festen des Sozialfestivals neu oder besser kennenlernen.

Nun ist der Mensch aber auch ein Gewohnheitstier, und die meisten ZeitgenossInnen tendieren dazu, um nochmals mit Maike van den Boom zu sprechen, sich eher diesseits als jenseits der eigenen Haus- oder Lieblingskneipentür zu bewegen. Das gilt auch im Hinblick auf Kooperation. In Sachen Weltverbesserung kann das zum Beispiel bedeuten, dass Menschen zwar vielleicht bereit sind, sich zu beteiligen und sich zu engagieren, aber wenn, dann doch lieber unter ihresgleichen und im gewohnten Rahmen. Sowohl inhaltlich als auch sozial gesprochen betreten viele Menschen eher nicht so gerne ungewohntes oder gar unbekanntes Terrain. Das war auch in den *Tu was*-Regionen nicht anders. Eine der ersten Lernerfahrungen im Zuge der Durchführung des Sozialfestivals war es dann auch, dass man Kooperation *nicht* anstiften kann, indem man Leuten, die recht ähnliche Vorschläge zur Weltverbesserung machen, einfach sagt: »Tut euch doch zusammen!« – Solche, eigentlich gut gemeinten, Vorschläge stießen durchwegs auf Widerstand, teils sogar Empörung, und die Erkenntnis war klar: Kooperation lässt sich nicht verordnen oder auf Knopfdruck initiieren.

Warum die Reaktionen auf unsere wohlmeinenden Anregungen zur Zusammenarbeit häufig derart ablehnend waren, ist eine Frage, die nicht ganz leicht zu beantworten ist. Sicherlich lässt sich aber sagen, dass die Festivalorganisation (und gemeint ist hier vor allem die Jury, die über die zu fördernden Projekte und Ideen entschieden hat, und von der solche Anregungen ja zumeist ausgingen) nicht immer über ausreichend »lokales Wissen« verfügen konnte oder aber vorhandenes lokales Wissen nicht immer ausreichend gewürdigt hat; das betraf etwa die für gelingende Kooperation nicht ganz unmaßgebliche Frage, wer denn mit wem kann und wer mit wem eher nicht so sehr. Aber man lernt dazu, und das galt auch für das Sozialfestival. Und erfreulicherweise ist *Tu was* mit seinem Anliegen, nicht nur gute Projekte zu fördern, sondern auch gemeinschaftlichen Zusammenhalt zu stärken, somit schließlich doch nicht gescheitert. Vielmehr hat sich wiederholt gezeigt, dass (neue) Kooperation in einem solchen Rahmen sehr wohl entstehen kann – etwas anders jedoch und vor allem auch in einem etwas anderen Tempo, als dies anfangs angenommen, erwartet und erhofft worden war.

Wir haben im ersten Kapitel dieses Buches – »Wo es herkommt« – beschrieben, dass *Tu was* von Beginn an inhaltlich und wissenschaftlich begleitet worden ist. Das hat für uns nicht nur eine Vielzahl an Forschungs- und Befragungsergebnissen bedeutet, sondern vor allem auch viel Zeit vor Ort, viel Zeit auch für die Beobachtung dessen, was sich da tut – gerade auch in Sachen Kooperation. In diesem Sinne konnten wir im Wesentlichen drei Phasen ausmachen, wie sich Kooperation im Rahmen einer Initiative wie *Tu was* entwickelt. Diese Beobachtungen, die wir im Folgenden vorstellen, konnten wir in den durchaus unterschiedlichen Festivalregionen übrigens wiederholt machen. Das erlaubt uns die Annahme, dass diese Phasen weniger mit speziellen Charakteristika von *Tu was* zu tun haben, sondern vielmehr spezifischen Eigenheiten menschlichen Verhaltens und Handelns zuzuschreiben und somit vielleicht auch verallgemeinerbar sind. Die drei Phasen waren im Detail die folgenden: zunächst die Konzentration auf die Umsetzung der eigenen Idee, später dann der Blick über den Tellerrand hin zu den Aktivitäten der anderen und zu guter Letzt die Bereitschaft, sich auf die anderen einzulassen und tatsächliche neue und gelingende Kooperationen einzugehen.

Tu was wollte wie gesagt gerade auch solche Menschen ansprechen und zum Mittun animieren, die nicht ohnehin schon in hohem Maße gesellschaftlich engagiert und exponiert waren. Und auch wenn es finanziell und organisatorisch einiges an Unterstützung gab, so hatten somit doch nur wenige der teilnehmenden Personen vorab bereits Projekterfahrung, schon gar nicht in umfangreicherem Stil. In diesem Lichte ist es auch alles andere als verwunderlich, dass in der ersten Phase das *eigene* Projekt und das Bemühen darum, es auch tatsächlich auf die Beine zu stellen, klar im Vordergrund der Beteiligten standen. Zwar war das Design von *Tu was* in allen Regionen von Beginn an darauf ausgerichtet, über regelmäßige, niederschwellige Veranstaltungsangebote die Vernetzung der Teilnehmenden zu unterstützen, in dieser ersten Phase aber war das (ja auch noch unvertraute) Sozialfestival für die meisten Beteiligten vor allem einfach ein willkommenes Mittel zum Zweck, um ein persönlich wichtiges Vorhaben umsetzen zu können, und weniger eine Plattform, um neue Kontakte zu knüpfen.

In einer in allen Regionen jeweils folgenden zweiten Phase veränderte sich dieses Bild immer mehr. Sobald die Teilnehmenden ihr eigenes Projekt einigermaßen »auf Schiene« wussten und sich in der Umsetzung eine gewisse Routine eingespielt hatte, war es dann sehr wohl und zunehmend interessant, was denn eigentlich die anderen im Rahmen des Sozialfestivals so machten. Wiederum konnten hier nun diverse Veranstaltungsangebote, Workshops und Feste sowie regelmäßige Informationen zu allen Aktivitäten, zum Beispiel über einen Projekt-Newsletter, den TeilnehmerInnen Gelegenheiten bieten, das Festival als Ganzes und über den Tellerrand des eigenen Projekts hinaus wahrzunehmen. Als besonders wichtig in dieser Phase hat sich Folgendes herausgestellt: Die meisten Projekt-InitiatorInnen hatten zu diesem Zeitpunkt bereits die Erfahrung gemacht, dass ein gelingendes Projekt einiges an Einsatz, Zeit und Willen braucht, dass nicht immer alles reibungslos läuft und dass ziemlich sicher auch einmal Schwierigkeiten zu überwinden sind. Folglich begegnete man anderen *Tu was*-Teilnehmenden in dieser Phase mit begründeter Anerkennung für deren jeweiliges Engagement – wohl wissend, dass die Weltverbesserung auch im Kleinen nicht immer ein gemütlicher Sonntagsspaziergang ist.

Gleichzeitig entstand in dieser Zeit immer deutlicher ein Gefühl des Miteinanders und einer gewissen Zusammengehörigkeit. Die *Tu was*-Beteiligten erlebten sich mehr und mehr als eine Art Gruppe, sogar der Begriff »Familie« war in Gesprächen immer wieder zu hören. In dieser »*Tu was*-Familie« schienen sich offenbar auch Personen, die sonst eher im Einzelkämpfermodus stehen, wohlzufühlen.

Die gemeinsame und auch immer wieder gemeinsam zelebrierte Beteiligung am Sozialfestival bewirkte somit ein eigenes Gefühl von Verbundenheit. Gut Ding braucht Weile, so heißt es, und so war es auch hier: Aber in dieser Phase war es dann so weit, dass sich über *Tu was* tragfähige Bekanntschaften und ein Netzwerk an wertschätzenden und vertrauensvollen Kontakten herausbilden konnten.

Bleibt die Frage, was nach *Tu was* geschah, und in unserer Beobachtung war dies schließlich die dritte Phase der Entwicklung von Gemeinschaft und Kooperation. Nochmals kommt hier das »Projektdesign« ins Spiel, das auch für eine gewisse Zeit nach dem offiziellen Ende des Sozialfestivals und nach dem jeweiligen regionalen Abschlussfest für alle Beteiligten noch einzelne Aktivitäten, Veranstaltungen und Workshops unter dem *Tu was*-Motto vorgesehen hat. Dadurch sollte sichergestellt sein, dass die gemeinschaftliche Energie nicht einfach verpuffen würde, sondern der sogenannte »*Tu was*-Gedanke« möglichst noch weiterleben würde. Tatsächlich zeigte sich, dass etliche der neu geknüpften Kontakte auch nach Festivalende dauerhaft weiterbestehen konnten und man sich im Bedarfsfall unkompliziert und wohlwollend in den jeweiligen Aktivitäten mit Unterstützung zur Seite steht.

Ein Beispiel von mehreren: In einer Region gab es eine Initiative, die helfen wollte, ausländischen Studierenden das Ankommen in Österreich zu erleichtern und umgekehrt die einheimische Bevölkerung mit den unterschiedlichen, den Ort bereichernden Kulturen (und Küchen!) der Studierenden bekannt zu machen – eine gute Idee, aber einen geeigneten Ort und passende, gut zugängliche Räumlichkeiten zu finden, war für die OrganisatorInnen nicht so einfach. In derselben Gemeinde wurde im Rahmen von *Tu was* auch eine Einrichtung aktiv, die Menschen mit Behinderung unterstützt und die über das Sozialfestival mehrere Aktivitäten verwirklichen konnte, um eine bessere und inklusivere Verankerung in der lokalen Gesellschaft zu erreichen. Diese beiden Gruppen, die sonst abgesehen vom lokalen Anker kaum Berührungspunkte gehabt hätten, lernten sich über

Tu was besser kennen und kamen in einen konstruktiven Austausch: Die monatlichen offenen Abende der Studierenden konnten dann in den Räumlichkeiten der Einrichtung realisiert werden und fanden dort in der Folge auch sechs Jahre lang regelmäßig statt – eine Win-win-Situation für alle Beteiligten.

In einem anderen Beispiel gelang es dank einiger engagierter Leute mit Unterstützung von *Tu was*, einen Leerstand mitten im Ortszentrum einer Gemeinde im Mostviertel in einen Treffpunkt der Integration zu verwandeln. In den Räumlichkeiten findet Begegnung zwischen den Kulturen statt, es gibt Sprachkurse, Hausaufgabenbegleitung, es wird gekocht, gespielt und musiziert, es wird ein buntes Miteinander gelebt. Der Traum der Projekt-InitiatorInnen konnte umgesetzt werden. Inzwischen aber nicht nur das: Auch andere Initiativen docken inzwischen an, und so ist dieser Begegnungsort nunmehr auch Abholstation für die Gemüsekisterl einer zweiten *Tu was*-Projektgruppe aus einer anderen Gemeinde und erreicht darüber nochmals mehr und andere Leute in der Region – ein kaum bewusst steuerbarer, aber hoch willkommener Effekt der Art, wie wir uns das für das Sozialfestival durchaus gewünscht haben!

In allen *Tu was*-Regionen haben wir also erlebt, dass über *Tu was* und die entsprechenden Rahmenbedingungen der begleitenden Veranstaltungen, der Begegnungsmöglichkeiten und des kontinuierlichen Austauschs von Informationen unter den Beteiligten ein anhaltendes »Wir-Gefühl« entstehen konnte, ein Gefühl von Gemeinschaft. Vor allem aber zeigte sich überall auch ein Bewusstsein darüber, dass Gemeinschaft nichts ist, was vom Himmel fällt, sondern etwas, wozu *alle* aktiv beitragen können, und das auch eben eher dann entsteht, *wenn* alle etwas dazu beitragen. Diese Feststellungen treffen sicherlich nicht für hundert Prozent der Festival-TeilnehmerInnen zu, aber in jeder der Regionen hat sich gezeigt, dass die Weltverbesserung im Kleinen gelingen und durch geeignete Strukturen und Angebote unterstützt werden kann – nicht nur im Hinblick auf die jeweils eigenen, einzelnen Ideen und deren Umsetzung, sondern auch im Sinne von gelebter Gemeinschaft über den eigenen sozialen Tellerrand hinaus, im Sinne von gelebter Menschlichkeit, die auch nach Projektende weiter ausstrahlen kann. In allen *Tu was*-Regionen haben wir erlebt, dass es gelingen kann, Menschen zu motivieren, sich in frischer Weise auf soziales Engagement einzulassen (und gegebenenfalls dabeizubleiben). Was es dazu braucht: Zeit, auch Geduld, und gute Rahmenbedingungen.

Übrigens: Das weiter oben verwendete Stichwort »Biedermeier«, womit eine gesellschaftliche Tendenz zum Rückzug ins Private angesprochen wurde, stammt aus einem Interview mit einer *Tu was*-Teilnehmerin aus der Steiermark. Sie selbst, die sich durchaus auch selber in diesem Sinne mitgemeint hat, hat im Rahmen des Sozialfestivals gemeinsam mit engagierten MitstreiterInnen dafür gesorgt, dass in ihrer Gemeinde ein neuer, wunderschöner, öffentlicher Entspannungs- und Begegnungsort entstehen konnte, der für alle etwas bieten und zu neuen Bekanntschaften beitragen kann. Auch ihr Engagement hat damit dazu beigetragen, eine von vielen und vielfältigen neuen Gelegenheitsstrukturen aufzubauen, die in den *Tu was*-Regionen vielleicht auch langfristig zu einem guten, einem besseren Miteinander und zur kooperativen Weltverbesserung im Kleinen beitragen können.

LITERATUR:

Dieses Kapitel beruht auf Ergebnissen aus der wissenschaftlichen Begleitung des Sozialfestivals, die von Anfang an Bestandteil des Projekts war. Grundlage des Textes sind neben Befragungen und Interviews, die in den vier Festivalregionen mit den hunderten TeilnehmerInnen durchgeführt worden sind, auch die Beobachtungen der beteiligten ForscherInnen vor Ort in den *Tu was*-Regionen. Mehr dazu ist für die auch wissenschaftlich interessierte Leserschaft hier nachzulesen:

Gstach, Isabell / Kapferer, Elisabeth: How can Public Participation Projects Generate Social Capital? A Case Study of the Austrian Social Festival *Keep the Ball Rolling*. In: Kapferer, Elisabeth et al. (eds.): Rethinking Social Capital. Global Contributions from Theory and Practice. Newcastle upon Tyne: Cambridge Scholars Publishing 2017, 259–284.

FRAGEN SIE!

Oder: Von (womöglich gar nicht so) stillen Gruppen und vom guten Einladen

Halb Österreich engagiert sich! Das sind doch gute Nachrichten, die da aus Erhebungen zum freiwilligen Engagement kommen. Der 2015 erschienene österreichische 2. Freiwilligenbericht spricht von 46 Prozent der Menschen in Österreich ab 15 Jahren, die sich aktiv, formell oder informell, in unterschiedlichsten ehrenamtlichen Bereichen einbringen. Weite Teile des öffentlichen sozialen Lebens, wie wir es kennen, wären ohne diese Bereitschaft zum Mittun undenkbar. Ob Sport-, Kultur- oder Sozialvereine, Organisationen des Rettungswesens und der Katastrophenhilfe, Natur- und Tierschutzverbände, Gemeinwesenarbeit oder auch die (gelegentliche oder auch regelmäßige) Nachbarschaftshilfe, um nur einige Eckpfeiler der bunten Landschaft des freiwilligen Engagements zu benennen: Alle diese Aktivitäten leben auch davon, dass es Menschen gibt, die gerne Zeit schenken, um anderen zu helfen und sich für wichtige Belange einzusetzen, um zum Gemeinwohl beizutragen, um Erfahrungen zu teilen und Neues zu lernen und gemeinsam mit anderen zum guten Zusammenleben beizutragen. Mit diesen Aspekten sind auch schon die laut Freiwilligenbericht wichtigsten Motive genannt, *warum* sich Menschen engagieren.

Aber *wer* sind diese Menschen, die sich engagieren? Hier zeigen sich mehrere interessante Zusammenhänge. Zum einen legen die verfügbaren Daten nahe, dass die Bereitschaft und die Entscheidung, sich ehrenamtlich zu betätigen, mit dem Lebensverlauf eng verschränkt sind. Junge Leute weisen demnach zunächst einen recht hohen Beteiligungsgrad auf, der dann in den Dreißigern nachlässt. Hier stehen wohl vielfach familiäre wie auch berufliche Belange im Vordergrund. Für die Altersgruppen ab 40 und ab 50 Jahren lässt sich jeweils wieder eine merklich steigende Beteiligung erkennen, mit zunehmendem Alter, ab 60 und noch deutlicher ab 70 Jahren, sinkt sie schließlich wieder. Man kann annehmen, dass hier gesundheitliche Gründe, vielleicht sogar ein (eigener) Betreuungs- oder Pflegebedarf einem (weiteren) Engagement entgegenstehen. Diese Korrelation ist freilich naheliegend, denn Ehrenamt braucht Zeit, und diese hat man in unterschiedlichen Lebensphasen eben in unterschiedlichem Maße zur Verfügung.

Eine andere, vielleicht weniger auf der Hand liegende Korrelation ist jene von Engagement und Bildungsgrad. Hier zeigt sich nämlich, dass mit zunehmendem Bildungsgrad die Wahrscheinlichkeit, dass jemand ein Ehrenamt ausübt, ebenfalls deutlich steigt: Während sich von den Menschen mit Pflichtschulabschluss und ohne Ausbildung (dies ist die niedrigste Bildungsstufe in der Darstellung des Freiwilligenberichts) gut ein Drittel ehrenamtlich betätigen, sind es bei Menschen mit akademischem Abschluss mit knapp zwei Drittel fast doppelt so viele. Dieser scheinbare AkademikerInnen-Überschuss im Ehrenamt relativiert sich allerdings, wenn man die Bildungsverteilung der tatsächlich ehrenamtlich tätigen Menschen in absoluten Zahlen betrachtet: Der Großteil der Menschen, die ihre Zeit fürs Gemeinwohl einsetzen, haben einen Pflichtschul- und Lehrabschluss – von diesen gibt es in Österreich nun einmal deutlich mehr als Uni-AbsolventInnen und dergleichen.

Interessante Zusammenhänge – und nicht nur in Bezug auf den Bildungsgrad – gibt es auch bei der Frage zu entdecken, *wer* sich *wie* engagiert. Eine gängige Unterscheidung im Feld des Ehrenamts ist jene zwischen formeller und informeller freiwilliger Tätigkeit. Auch wenn wir im Kontext dieses Buchs ansonsten nicht zwischen unterschiedlichen Institutionalisierungs- und Formalisierungsgraden von Aktivitäten zur sozialen Weltverbesserung eingehen: Wenn es um die Frage der (Nicht-)Beteiligung von Menschen geht, ist diese Differenzierung doch nicht unwichtig. Ganz grob umrissen bezeichnet formelles Engagement die Mitarbeit und auch die Übernahme von Funktionen zum Beispiel in Vereinen oder Organisationen und deren Gremien. Hier zeigt sich, um an die oben erwähnte Korrelation von Freiwilligentätigkeit und akademischem Bildungsgrad anzuknüpfen, dass dieser Zusammenhang im formellen Bereich noch einmal stärker greift – je höher (und nach landläufiger Einschätzung wohl reicher an Ansehen) die Ämter, desto höher die Wahrscheinlichkeit, dass jemand mit höherem Bildungsgrad sich dafür entscheidet. Auch ein gewisser Gender Gap tut sich im formellen Ehrenamt auf: anders als im Gesamtbild, das Frauen und Männer in recht ähnlichem Ausmaß als engagiert ausweist, überwiegt der Männeranteil hier deutlich. Frauen engagieren sich offenbar eher im informellen Bereich, will heißen in der Nachbarschaftshilfe und ähnlichen wichtigen, aber weniger bis kaum institutionalisierten – und wohl auch gesellschaftlich weniger wahrgenommenen und anerkannten – Aktivitäten.

Eine weitere Schere der Beteiligung betrifft im formellen freiwilligen Engagement Menschen mit Migrationsgeschichte. Egal ob zur ersten oder zur zweiten MigrantInnen-Generation zählend: Sie sind hier deutlich unterrepräsentiert. Für den informellen Bereich der Nachbarschaftshilfe sieht dies hingegen anders aus, hier ist ihr Beteiligungsgrad sogar besonders hoch. Der deutsche Experte für Bürgerbeteiligung Ralf Vandamme weist in diesem Zusammenhang darauf hin, dass bestimmte Formen und Rahmenbedingungen insbesondere des formellen freiwilligen Engagements, wie sie »bei uns« gang und gäbe sind, in anderen Ländern schlichtweg nicht üblich sind und dass organisierte Aktivitäten in bestimmten Herkunftsländern womöglich sogar als Regimekritik verstanden werden könnten. Die Idee der (institutionalisierten) Freiwilligenarbeit ist längst nicht überall eine derartige Selbstverständlichkeit wie vielleicht in Ländern wie Österreich. – Wovon ich aber nichts weiß, daran kann ich auch nicht teilhaben ...

Je formeller der Bereich der freiwilligen Tätigkeit, desto mehr scheint das Engagement also eine Sache der gut situierten, zumeist autochthonen und überdurchschnittlich oft männlichen Mittelschicht zu sein. – Mit »Menschen mit Migrationshintergrund« ist hingegen eine jener Gruppen bezeichnet, die in der Diskussion um die Nicht-Engagierten und die Hintergründe und Gründe des Nicht-Engagements immer wieder genannt und auch adressiert werden. Andere solcher Gruppen sind etwa Menschen mit Behinderung, kranke, alte bzw. einsame, sozial isolierte Menschen, Menschen mit niedrigem sozioökonomischem Status (sprich niedrigem Einkommen, Bildungsstand und/oder Erwerbsstatus) oder Arbeitslose. Von »stillen Gruppen« spricht die Quartiersmanagerin Petra Schmettow in diesem Zusammenhang, nicht ohne vor Pauschalisierungen zu warnen. Zu Recht: Denn die oben umrissenen Daten zeigen ja, dass zum Beispiel für die höchst heterogene Gruppe der »MigrantInnen« keineswegs pauschal gesagt werden kann, sie würden sich nicht beteiligen! Die Sache braucht also einen anderen Zugang. Die Frage ist vielleicht nicht so sehr oder nicht nur, welche *Gruppen* sich nicht beteiligen, sondern vielmehr, was *Menschen* daran hindert, sich generell oder in bestimmten Formen des Engagements zu beteiligen, und *warum* Menschen sich nicht beteiligen. Eine weitere Frage ist allerdings auch, ob die Aussage, die eine Hälfte der Gesellschaft engagiere sich und die andere Hälfte nicht, so überhaupt haltbar ist. Bleiben wir zunächst bei dieser Frage.

Es ist weiter oben schon angeklungen, dass je nach (sozialer, aber auch geographischer) Herkunft die Vorstellungen von und die Einstellungen zu freiwilligen Tätigkeiten und Betätigungsfeldern recht unterschiedlich ausfallen können. Wer zu den eingangs angeführten 46 Prozent zählt und in einem Umfeld lebt, in dem es relativ »üblich« ist, Teile der Freizeit für das aktive Mittun etwa in einem Verein, die

Beteiligung im Pfarrgemeinderat oder den Einsatz bei der Freiwilligen Feuerwehr oder bei einem Rettungsdienst aufzuwenden, für den wird die Frage nach dem persönlichen Engagement, ob formell oder informell, kein Buch mit sieben Siegeln sein. Umgekehrt kann es aber sehr wohl zu Missverständnissen kommen: Ein Forschungsprojekt rund um die deutschen SozialwissenschaftlerInnen Johanna Klatt und Franz Walter hat sich näher angesehen, wie es denn mit der zivilgesellschaftlichen (Nicht-)Beteiligung von Menschen aussieht, die aus unterschiedlichen Gründen als sozial benachteiligt bezeichnet werden können.

Viele der dabei Befragten gaben an, sich nicht im Sinne freiwilligen Engagements zu betätigen, erzählten im Laufe der Interviews dann aber durchaus von regelmäßigen nachbarschaftlichen Hilfe- und Unterstützungsleistungen, von (teils regelmäßigen) Tätigkeiten in ihrem Umfeld, die das Zusammenleben stützen und verbessern, und sogar von konkreten Vereinstätigkeiten – sie sahen dies aber nicht (und schon gar nicht »selbstverständlich«) als Teil eines so betitelten »freiwilligen Engagements« oder als »Beitrag zur Zivilgesellschaft« an und beantworteten die Fragen nach einem solchen Engagement, aus ihrer Sicht ganz folgerichtig, mit einem »Nein«. Es ist anzunehmen, dass auch unter den 54 Prozent, die sich laut österreichischem Freiwilligenbericht »nicht engagieren«, sehr viele sind, die dies sehr wohl tun, auch wenn sie es in ihrem Selbstverständnis und in Befragungen nicht so verbuchen würden.

Aktiv werden und helfen, mit anpacken, wo es nottut, selbstorganisierte Betätigungen der Weltverbesserung im Kleinen: Das alles geschieht, auch ohne dass die Menschen großes Aufhebens darum machen. Es geschieht mehr oder weniger selbstverständlich – auch im Umfeld der sogenannten »stillen Gruppen«. Auf einem anderen Blatt allerdings steht die Frage ihrer Beteiligung in anderen (und von anderen gestalteten) Gelegenheitsstrukturen, etwa in bestehenden (oder auch neu entstehenden) Organisationen, Projekten und Aktivitäten, zumal wenn diese eher zum formellen Ehrenamt zählen. Aber sind diese Menschen für das (auch formellere) freiwillige Engagement denn, um es in Anlehnung an den Studientitel von Johanna Klatt und Franz Walter zu formulieren, »entbehrlich«? Und umgekehrt gefragt, ist denn die Beteiligung der »stillen Gruppen« an freiwilligen, gemeinwohlorientierten Aktivitäten selbst als »entbehrlich« zu sehen? Auf beide Fragen muss die Antwort wohl »Nein« lauten.

Sich im Rahmen von freiwilligen Tätigkeiten zu engagieren, hat vielfältige positive Effekte und ist keinesfalls entbehrlich. So verweist etwa der Deutsche Freiwilligensurvey, abgesehen von gesellschaftlichen Funktionen und Wirkungen ehrenamtlicher Aktivitäten (etwa als demokratiefördernd oder den Zusammenhalt stärkend), auch auf deren individuellen Nutzen für die Beteiligten. So scheint sich Engagement nicht nur fürs Gemeinwohl auszuzahlen, sondern fördert auch das persönliche Wohlbefinden und die Gesundheit, es erweitert und stärkt die sozialen Netzwerke und es ermöglicht den sich Engagierenden, neue Kompetenzen zu erwerben und sich persönlich weiterzubilden. Nicht zuletzt sorgt es (vor allem, je formeller es ausgestaltet ist) auch für Anerkennung. – Wenn wir uns daran erinnern, wer sich vorwiegend einbringt, sehen wir hier einen Matthäus-Effekt: Von den positiven Wirkungen profitieren wiederum diejenigen, die ohnehin über relativ mehr Ressourcen verfügen. Wenn wir an die Weltverbesserung im Kleinen und hier ganz besonders auch in die Richtung von ErmöglicherInnen denken wollen, heißt das ganz klar: Erweitert euren Adressatenkreis! Denkt nicht nur an jene, die sich ohnehin beteiligen, denkt auch explizit an jene, die es (noch) nicht tun!

Das Österreichische Rote Kreuz hat genau das vor einigen Jahren getan und sich die Frage gestellt, woran es eigentlich liegt, dass zum Beispiel kaum junge Musliminnen und Muslime unter den vielen Freiwilligen in Österreichs Hilfsorganisationen zu finden sind. Um Antworten zu finden, wurden 20 junge Menschen muslimischen Glaubens aktiv angesprochen und eingeladen, für einige Tage in unterschiedliche Tätigkeitsfelder hineinzuschnuppern und über ihre Erfahrungen zu berichten. Dabei hat sich bestätigt, dass häufig das Wissen fehlt, dass es solche Beteiligungsstrukturen überhaupt gibt – und mehr noch, dass viele davon *allen* Interessierten offenstehen, egal welcher geographischen oder religiösen Herkunft. Nichtwissen und mögliche Missverständnisse, vielleicht noch gepaart mit einem Gefühl von »Das ist nichts für mich, dort bin ich nicht willkommen, da gehöre ich nicht dazu« – diese Faktoren können vielfach erklären, warum Menschen sich nicht einbringen (können). Das gilt übrigens nicht nur für Menschen, die mit Ausgrenzungen und sozial benachteiligenden Lebensbedingungen zurande kommen müssen. Einer der meistgenannten Gründe, den der österreichische Freiwilligenbericht für Nicht-Engagement angibt, lautet dann auch: »Ich bin niemals gefragt worden«, und in der Folge: »Ich habe nie darüber nachgedacht«. Die Internationale Organisation für Migration (IOM) hat ein Handbuch herausgegeben (übrigens für beide Seiten, auch für Engagement-Willige, die sich orientieren möchten), das Leitfäden für gute Integration von »stillen Gruppen« in die Welt des freiwilligen Engagements bereithält. Der erste und wichtigste Tipp darin an die Adresse der ErmöglicherInnen, also der Akteure, die Beteiligungsangebote bereithalten, lautet: »Fragen Sie!«

Fragen bedeutet einladen. Einladen könnte man zu niederschwelligen und attraktiven Gelegenheiten der Information, von Info-Ständen vor Ort bis hin zum sozialen Speed Dating. Sehr gute Hinweise dazu, wie man engagierwillige Menschen erreichen könnte, gibt ein Leitfaden zum Erreichen »neuer Engagierter«, den die deutsche Bundesarbeitsgemeinschaft der Freiwilligenagenturen (bagfa) e. V. herausgegeben hat. Dieser Leitfaden legt einen Schwerpunkt auf das Gewinnen von geflüchteten Menschen für freiwillige Tätigkeiten. Die in ihm zu findenden Hinweise zur Bedeutung guter und gut vermittelter Information über Möglichkeiten sozialen Engagements treffen aber den generellen Bedarf danach, Engagier-Willige jeglichen Hintergrundes zu erreichen, Wissen zu vermitteln und Informationslücken zu füllen. Dass solche Bemühungen fruchten dürften, zeigen nicht zuletzt auch die bekannten Motive geflüchteter Menschen, sich einzubringen: Denn diese ähneln jenen für die Gesamtbevölkerung in Freiwilligenberichten und -surveys angegebenen Gründen doch sehr: Wir alle wünschen uns das Gefühl, gebraucht zu werden, wir wollen (neue) Freunde finden und wir wollen nicht zuletzt Sinn erfahren. Das gilt auch für Menschen, die zu den sogenannten (womöglich gar nicht so) »stillen« Gruppen gezählt werden. Und das gilt auch für die Weltverbesserung im Kleinen, »vor Ort«.

Apropos »vor Ort« – »einladen« heißt auch, sich mit den potenziell benachteiligenden Rahmenbedingungen von potenziell Engagier-Willigen auseinanderzusetzen und daraus etwas für gute, aussichtsreiche Kontaktmöglichkeiten zu lernen. Das betonen auch die KollegInnen von *Auf gesunde Nachbarschaft!* – So kann die Mobilität von Menschen und damit ihr Radius eingeschränkt sein. »Vor Ort zu sein« heißt dann, tatsächlich räumliche Nähe zu suchen und auf Menschen zuzugehen. »Vor Ort zu sein«, das betrifft aber auch die sozialen Beziehungen. So kann es sinnvoll sein, wichtige Schlüsselpersonen als MultiplikatorInnen einzubinden, die in ihren Netzwerken, Nachbarschaften und Communitys Informationen und Motivation – auch über mögliche Sprachbarrieren hinweg – weitergeben können. »Vor Ort zu sein« kann nicht zuletzt auch als Aufforderung verstanden werden, auf die möglichen Anliegen, Problemlagen oder auch Wünsche Noch-nicht-Beteiligter einzugehen, gemeinsam neue Wege zu suchen und Gelegenheitsstrukturen zu schaffen, die Raum lassen für je individuelle Bedürfnisse und Möglichkeiten.

Die Beteiligung der »stillen Gruppen« in den unterschiedlichen Strukturen und Formaten freiwilligen Engagements und der Weltverbesserung ist keineswegs bloß eine soziale Gefälligkeit, und sie ist keineswegs als »entbehrlich« anzusehen. In unserer Vielfalt bringen wir so unterschiedlichen Menschen auch unsere so unterschiedlichen Kompetenzen ein und öffnen vielleicht auch Zugänge zu neuen, weiteren Gruppen. Somit ist die Beteiligung der »unüblichen Verdächtigen« vor allem auch für die Engagement-ErmöglicherInnen nicht »entbehrlich«. Eine Erweiterung der beteiligten Gruppen kann auch die Akzeptanz von Aktivitäten in einem breiteren gesellschaftlichen Kosmos ermöglichen und stärken. Und nicht zuletzt kann ein frischer Blick durch eine andere Brille als durch jene der »Mehrheitsgesellschaft« auch für Erkenntnisgewinne sorgen.

Das hat sich auch im Projekt des Roten Kreuzes bestätigt, in dem eine junge Frau muslimischen Glaubens Möglichkeiten aufgezeigt hat, Gesundheitsangebote so zu gestalten, dass sie auch für Frauen aus anderen Kulturen leichter zugänglich sind – dabei ging es um kleine und simple Veränderungen, die für sie aus einem anderen und anders geprägten Blickwinkel auf der Hand lagen, für die Organisation hingegen bis dahin nicht. »Vor Ort zu sein« kann somit einmal mehr auch einen Perspektivenwechsel bedeuten, um die Welt durch die Augen anderer zu sehen. Erinnern wir uns an Alexandra Horowitz' augenöffnende Spaziergänge durch ihr Viertel mit unterschiedlichsten BegleiterInnen! Es kann also bedeuten, gewohnte, ausgetretene Wege einmal zu verlassen. Umwege erhöhen die Ortskenntnis, so lautet ein öfters Kurt Tucholsky zugeschriebenes Bonmot. Das gilt auch für die Weltverbesserung im Kleinen, wenn sie möglichst viele Menschen einbeziehen und erreichen soll.

Nochmals: Fragen bedeutet einladen. Einladen bedeutet auch Interesse zu zeigen und schließlich Anerkennung zu geben. Im Rahmen von *Tu was, dann tut sich was.* ging es unter anderem genau darum: zu fragen, einzuladen, Interesse zu zeigen – auch und gerade denjenigen gegenüber, die sich (noch) nicht engagieren. Es ging darum, unkomplizierte Möglichkeiten zu eröffnen, sich in Belangen der Weltverbesserung auszuprobieren, ohne langfristige Verpflichtung oder sonstige Bindungspflicht. Viele Rückmeldungen zum Sozialfestival haben bestätigt, wie wichtig solche Erfahrungen waren, gerade auch in Hinblick auf die damit verbundene und erlebte Anerkennung. Auch für die jungen Menschen im erwähnten Rot-Kreuz-Projekt gehörte dies übrigens zu den erstaunlichsten Erlebnissen in ihrer Zeit in der Organisation: das Wohlwollen und die Anerkennung, die ihnen entgegengebracht wurden, die Erfahrung, unabhängig von oft belasteten und belastenden »Gruppenzugehörigkeiten« und Gruppenzuschreibungen etwas zum (besseren) Gelingen eines Projektes beitragen zu können, und die Erfahrung, dabei sein und dazugehören zu können – auch weiterhin, auch künftig. Wenn solche Erfahrungen ermöglicht werden und gelingen, öffnen sich für alle Involvierten bessere Möglichkeiten für die Zukunft. Dann ist für die Weltverbesserung im Kleinen und für das gute Zusammenleben sehr viel gewonnen.

LITERATUR:

Allianz für Beteiligung / Schmettow, Petra: Diskurspapier: Zugang zu stillen Gruppen in Beteiligungsprozessen – Erfahrungen, Herausforderungen und Möglichkeiten.

BMASK: Bericht zur Lage und zu den Perspektiven des Freiwilligen Engagements in Österreich (2. Freiwilligenbericht), Wien: 2015.

Bundesarbeitsgemeinschaft für Freiwilligenagenturen (bagfa) e. V. (Hg.), Wallentin, Annette: Neue Engagierte. Freiwilliges Engagement von geflüchteten Menschen fördern. Ein Leitfaden für die Praxis. Berlin 2018.

Giedenbacher, Yvonne et al.: Aus Erfahrung lernen. Gesundheitsförderung und soziale Teilhabe von Familien und älteren Menschen in Nachbarschaften. Ein Handbuch zur Initiative »Auf gesunde Nachbarschaft!«. Wien: Fonds Gesundes Österreich 2018.

Internationale Organisation für Migration (Hg.), Viriri, Itayi et al.: Ein Weg zur Integration. Freiwilligentätigkeit von Migrant/innen in der Gesellschaft. Wien 2013.

Klatt, Johanna / Walter, Franz: Entbehrliche der Bürgergesellschaft? Sozial Benachteiligte und Engagement. Bielefeld: transcript 2011.

Österreichisches Rotes Kreuz (Hg.), Shoaiyan, Anahita: Integration junger Musliminnen und Muslime durch Ehrenamt in gemeinnützigen Organisationen am Beispiel des Österreichischen Roten Kreuzes. Ein Empfehlungsbericht. Wien 2010.

Simonson, Julia / Hameister, Nicole: Sozioökonomischer Status und freiwilliges Engagement. In: Simonson, Julia et al. (Hg.): Freiwilliges Engagement in Deutschland. Der Deutsche Freiwilligensurvey 2014. Deutsches Zentrum für Altersfragen, Berlin: 2016, 429–453.

Tesch-Römer, Clemens / Simonson, Julia / Vogel, Claudia / Ziegelmann, Jochen P.: Ergebnisse des Deutschen Freiwilligensurveys 2014: Implikationen für die Engagementpolitik. In: Simonson, Julia et al. (Hg.): Freiwilliges Engagement in Deutschland. Der Deutsche Freiwilligensurvey 2014. Deutsches Zentrum für Altersfragen, Berlin: 2016, 627–642.

Vandamme, Ralf: Bürgerschaftliches Engagement und soziale Teilhabe. In: Huster, Ernst-Ulrich et al. (Hg.): Handbuch Armut und soziale Ausgrenzung. Wiesbaden: Springer 2018, 807–822.

VON SOZIALER INFRASTRUKTUR UND SOZIALEM KAPITAL

Oder: Fundamente und Brücken des guten Zusammenlebens

Erinnern Sie sich an die in einem früheren Kapitel vorgestellte Bank, die David Marucci zum allgemeinen Gebrauch vor seinem Haus im öffentlichen Raum aufgestellt hat? Etwas Ähnliches haben BewohnerInnen des kleinen, unweit von Bonn gelegenen Ortes Rheinbach-Irlenbusch gemeinsam mit der Künstlerin Janni Feuser auf die Beine gestellt. Irlenbusch ist ein Ortsteil, der viele Kühe und ein paar hundert EinwohnerInnen hat, aber keinen einzigen öffentlichen Treffpunkt, keinen Bäcker, kein Geschäft, kein Gasthaus. Und obwohl geographisch wie demographisch überschaubar, kannten längst nicht alle IrlenbuscherInnen einander. Das sollte sich ändern, und zwar mit einer bunt bemalten und originell beschrifteten Bank auf Wanderschaft. *The Bänk for better Anderständing* wechselt wöchentlich ihren Standort und lädt in schönstem Rheinländisch ein: »Wer kütt – dä kütt, un jeder brängk jet mütt«. Vor wessen Haus sie steht, dort kommen samstags ab dem späten Nachmittag alle, die wollen, zusammen. In der kleinen Ortschaft, in der zuvor über die jeweiligen persönlichen engeren Kontakte hinaus eine Art soziales Vakuum vorherrschte, konnte so eine neue, lebendige Dorfgemeinschaft entstehen. Man lernt sich (besser) kennen, man kommt miteinander ins Gespräch. Getränke und Speisen werden von den BesucherInnen selbst mitgebracht, die Atmosphäre ist offen, niemand ist zu etwas verpflichtet, jeder beteiligt sich, wie sie und er möchte. Der Rahmen, in dem dieses lockere, gesellige Beisammensein, stattfindet, ist zwanglos – aber: Es gibt ihn, und er wird genützt.

Die bunte Bank in Irlenbusch zählt wohl zu jenen Räumen, die der bereits erwähnte amerikanische Soziologe Ray Oldenburg als »third places« bezeichnet hat: einladende, kommunikative Orte des öffentlichen Raums mit verlässlichen und angenehmen Rahmenbedingungen, in denen Menschen sich wohlfühlen und sich gerne miteinander aufhalten – soziale Zwischenräume und Gelegenheiten der Begegnung, die nicht im privat-familiären oder beruflichen Umfeld entstehen, sondern in jenen Bereich fallen, den etwa Oldenburgs jüngerer Fachkollege Eric Klinenberg »soziale Infrastruktur« nennt.

Klinenberg hat die Bedeutung dieser sozialen Infrastruktur im Kontext eines handfesten Katastrophenszenarios beschrieben, nämlich am Beispiel der Hitzewelle in Chicago im Jahr 1995. Diese Hitzewelle forderte binnen weniger Tage weit über 700 Todesopfer, die meisten davon aus sozioökonomisch stark benachteiligten Stadtteilen. Es lag ja auch auf der Hand: Menschen in dicht bebauten Gegenden mit kaum Grün, in mangelhaften bis teils desolaten Wohnverhältnissen ohne Möglichkeit, der Hitze entweder zu entkommen oder durch funktionierende Klimatisierung Linderung zu erfahren, hatten wenig überraschend ein deutlich erhöhtes Risiko, gesundheitliche Schäden zu erleiden oder sogar zu sterben. Klinenberg stellte bei genauerem Hinsehen aber fest, dass eines der damals resilientesten Viertel mit den wenigsten Todesfällen ebenfalls als stark benachteiligt gelten konnte – und noch erstaunlicher, dieses Viertel lag in unmittelbarer Nachbarschaft zu einem der letalen Hot Spots jenes Sommers. Nachforschungen vor Ort in diesen beiden räumlich so nahen und doch so widersprüchlichen Vierteln zeigten dann einen gravierenden Unterschied. Das eine Viertel war seit längerem massiv von Abwanderung und in der Folge von Leerständen und desolater Bausubstanz gekennzeichnet, und die BewohnerInnen berichteten, dass es kaum mehr nachbarschaftliche Kontakte (und aufgrund der räumlichen Situation auch kaum mehr Gelegenheiten dafür) gebe, »man sich nicht mehr kenne« und vor allem die älteren Leute sich zuhause zurückziehen würden. Die Menschen im benachbarten Viertel hingegen mit weniger Abwanderung und geringerer Fluktuation in der Bewohnerschaft schienen auch im Sommer 1995 über Geschäfte, Lokale und sonstige etablierte formelle wie informelle Treffpunkte an Alltagsroutinen festhalten zu können, die sie in Kontakt mit den Nachbarn hielten. Eine hinreichend intakte physische, bauliche Infrastruktur sicherte hier – anders als im leerstands- und abwanderungsgeplagten Nachbarviertel – weiterhin eine funktionierende soziale Infrastruktur.

Das bedeutete auch, dass man in jenem Sommer leichter aufeinander und vor allem auf gefährdete Personen Acht geben und bei Schwierigkeiten unkompliziert nachfragen und helfen konnte, bevor es zu spät war: Man war ja ohnehin »in Kontakt«. »It's what we always do when it's very hot or very cold here«, so benennt eine Anrainerin die gute Praxis als eine positive Variante von »Wir machen das immer so …«. – Was diese Dame hier recht gelassen ausspricht, ist in Wahrheit eine ganz besondere und wertvolle Facette des Fundaments, auf dem gutes Zusammenleben und gelebte Menschlichkeit aufbauen können. Es geht hier um vielfach nicht sichtbare und nicht greifbare Grundlagen des Zusammenlebens und des Gemeinwesens, um den »sozialen Kitt«, der eine Gemeinschaft scheinbar wie selbstverständlich zusammenhält. Wo diese nicht greifbare, intangible Infrastruktur einigermaßen intakt ist, kann die Gemeinschaft durch ganz »alltägliches« Handeln Tragfähigkeit zeigen. Sie kann Tragfähigkeit zeigen, weil Beziehungen bestehen und weil Vertrauen in diese Beziehungen besteht. Um dieses Fundament intakt zu halten, bedarf es entsprechender Pflege, sind Gelegenheiten nötig und somit auch »Orte«.

Es braucht gute, einladende »dritte Orte« (Klinenberg nennt hier Orte wie etwa den vielleicht sogar fußläufig erreichbaren Bäcker, den Friseur, die Bücherei, intakte Spielplätze – in anderen Worten: den »Dorfplatz« in seinen vielen möglichen Gestalten …), um die soziale Infrastruktur pflegen und aufrechterhalten zu können. Umgekehrt wiederum stehen und fallen, wie wir am Beispiel Chicago gesehen haben, diese physischen Orte auch mit dem vorhandenen oder fehlenden sozialen Kitt und der vorhandenen oder fehlenden intangiblen Infrastruktur einer Gemeinschaft.

Es braucht gute »dritte Orte« auch, um gesellschaftlichen Herausforderungen (und damit sind längst nicht nur Extremsituationen wie jene in Chicago 1995 gemeint) angemessen begegnen zu können. Im Sinne des guten Zusammenlebens sind hier (einmal mehr) Möglichkeiten und Rahmenbedingungen der Begegnung und des Austauschs angesprochen, die auch *unterschiedliche* Gruppen zusammenbringen, die ansonsten geltende oder aufrechterhaltene Hierarchien und Statusordnungen beiseitelassen und ein Kennenlernen und das Knüpfen von Kontakten über die jeweils eigenen, vertrauten Kreise hinaus möglich machen. Das tut nicht nur jenen Menschen gut, die »schwächeren«, »stillen« oder benachteiligten Gruppen zuzurechnen sind, etwa den (ganz) Jungen oder (ganz) Alten oder Menschen aus sogenannten »Randgruppen«. Sicherlich spüren diese wohl zumeist als Erstes, wenn der soziale »Kitt« bröckelt und schwindet oder gar fehlt und wenn einzelne Gruppen nur mehr darum bemüht sind, eigene Interessen zu sichern, koste es (andere), was es wolle. Aber umgekehrt profitieren von einer intakten sozialen Infrastruktur längst nicht nur die »schwächeren« Gesellschaftsmitglieder, sondern vielmehr *alle*. Unter entsprechend guten Rahmenbedingungen ist es möglich, dass das allgemeine soziale Wohlbefinden und das generelle Vertrauen aufrechterhalten bleibt oder sich idealerweise sogar steigert, dass Menschen sich in ihrem Umfeld und für ihr Umfeld verantwortlich fühlen und Achtsamkeit für andere zeigen, dass wir uns als gut aufgehobener Teil einer – wie immer bunten, wie immer diversen – Gemeinschaft fühlen können.

Wie Robert Putnam anhand einer Untersuchung der sozioökonomischen Unterschiede in Norditalien und Süditalien gezeigt hat, prägen und beeinflussen die sozialen Infrastrukturen die Gesellschaft sogar bis in ihren Wohlstand, ihre Demokratiefähigkeit und ihre Wirtschaftsleistung hinein: Im Norden zeigten sich laut Putnam vielfältigere und vor allem gegenüber Außenstehenden offenere soziale Netzwerke als im Süden sowie eine tragfähigere Kultur des Vertrauens. Zusammengefasst: Eine intakte soziale Infrastruktur führt dazu, dass das wachsen kann, was unter anderem im Gefolge Putnams längst nicht mehr nur in den Sozialwissenschaften als »Sozialkapital« bezeichnet wird. Der Blick in die vielfältigen (immer wieder auch in diesem Buch erwähnten) Ansätze und Unternehmungen, die Weltverbesserung mit sozialen Themen und Fragen des guten Zusammenlebens verbinden, zeigt, dass der Begriff »Sozialkapital« auch hier eine deutliche Konjunktur hat – kaum ein Konzept kommt ohne einen Hinweis auf das Sozialkapital aus. So betonen etwa auch die InitiatorInnen von *Auf gesunde Nachbarschaft!*, dass ein guter Zusammenhalt und die Pflege von Netzwerken (gerade auch zwischen unterschiedlichen Gruppen) einerseits eine Voraussetzung dafür ist, dass Menschen die Energie und auch die Muße haben, sich fürs Allgemeinwohl zu engagieren – und dass umgekehrt ein durch solches Engagement gestärktes Sozialkapital einer Gemeinschaft auch Menschen in benachteiligenden Lebensumständen oder in benachteiligten Regionen zugutekommt. Mehr Miteinander führt also zu mehr Chancen, mehr Beteiligung und mehr Wohlergehen für *alle*.

Wenn wir über Weltverbesserung im Kleinen und über gutes Zusammenleben nachdenken, liegt auf der Hand, dass dem sozialen Kitt und der Pflege einer gedeihlichen sozialen Infrastruktur eine bedeutende Rolle zukommt. Auch die Aktivitäten, die im Rahmen des Sozialfestivals *Tu was, dann tut sich was.* entstanden und gesetzt wurden, hatten dieses Anliegen, und viele davon wollten ganz konkrete, gute »dritte Orte« der Begegnung und des Miteinanders etablieren. Aber was machen solche Interventionen tatsächlich mit einer Gemeinschaft? Lässt sich mit kleinen Aktionen zur Weltverbesserung tatsächlich soziales Kapital aufbauen und stärken? Wie in einem früheren Kapitel zum Entstehen und Wachsen von Kooperation beschrieben, gab es im *Tu was*-Kontext wiederholt Hinweise darauf, dass eine solche Initiative in diesem Sinne wirksam sein kann. Wir wollten hier nun mehr wissen.

In den letzten beiden unserer vier Festivalregionen haben wir uns daher noch einmal intensiver und systematischer mit der Bedeutung und Entwicklung von Sozialkapital im lokalen Kontext, in der Weltverbesserung im Kleinen, beschäftigt. In einem ersten Schritt wurde gemeinsam mit TeilnehmerInnen des Sozialfestivals in einem mehrstündigen Workshop über die konkrete Rolle und Wirkung sozialen Kapitals in der Region diskutiert. Dabei wurde das sozialwissenschaftliche Konzept des sozialen Kapitals mit lokalem Wissen und regionalem Leben befüllt. Im – zumindest historisch betrachtet – eher ländlich und landwirtschaftlich geprägten Kontext der betreffenden Region wurde sehr schnell deutlich, dass Sozialkapital keine leere Worthülse ist, sondern eine zentrale Zutat des Zusammenlebens, die nicht selten überlebenswichtig sein konnte, etwa in Form von Hilfe und Unterstützung in Notsituationen. Während die »Spielregeln« dahinter – nämlich wer wem wann, wie und wo zu helfen hat – innerhalb der Solidarsysteme aber in früheren Zeiten recht klar definiert waren, so die Einschätzung der TeilnehmerInnen, ist die Pflege der »sozialen Adern der Gemeinschaft«, der achtsame Umgang miteinander und das Nützen der Möglichkeiten, sich für andere einzusetzen, heute deutlich individueller angelegt, dabei aber um nichts weniger wichtig für das Wohlergehen der Gesellschaft.

Hervorgehoben wurde in diesem Workshop wiederholt die Bedeutung von sozialem Kapital als ein gesellschaftlicher Kitt auch zwischen Gruppen mit unterschiedlichen Bedürfnis- und Interessenslagen, um ein gedeihliches Zusammenleben zu ermöglichen und ein Klima zu schaffen, in dem sich unterschiedlichste Bevölkerungsgruppen – miteinander – wohlfühlen können. Damit wurde eine wichtige Seite des Konzepts betont, die auch im Fokus des Sozialfestivals stand: dass Sozialkapital nicht allein ein Kapital ist, das für die Belange der eigenen Kreise arbeiten soll, sondern dass es im Wesentlichen eine verbindende Funktion haben kann und soll und gesellschaftliche Brückenschläge ermöglichen kann. Gelingen kann das unter anderem dort, wo über mögliche Unterschiede in Ausgangspunkten, Denkweisen und Interessenslagen hinweg gemeinsame Zielsetzungen gefunden werden können. Und wäre die Weltverbesserung im Kleinen etwa kein gutes gemeinsam zu vertretendes Ziel?

Immer wieder wurde von TeilnehmerInnen aller Regionen des Sozialfestivals geäußert, dass es durch *Tu was* zu Begegnungsmöglichkeiten gekommen ist, die sonst wohl nicht oder kaum entstanden wären, dass *Tu was* Kontakte zu Menschen aus der eigenen Region, aber außerhalb des eigenen sozialen »Einzugsbereichs« ermöglicht hat. Das wollten wir genauer wissen und haben daher in der letzten Festivalregion eine sogenannte »Sozialkapitalerhebung« durchgeführt. Die Erhebung basierte auf einem Fragebogen zur Einschätzung verschiedener Bereiche des Zusammenlebens im lokalen Umfeld. Die Befragten – das waren all jene, die dem *Tu was*-Aufruf gefolgt sind und sich aktiv am Sozialfestival beteiligt haben, sowie zur besseren Einordnung auch eine Vergleichsgruppe, die über eine Zufallsstichprobe aus der gesamten Bevölkerung der Region gezogen wurde – wurden dafür zu Beginn und eineinhalb Jahre später nach Ende des Sozialfestivals um ihre Antworten gebeten.

Für beide Gruppen zeigte sich, dass das sogenannte »generelle Vertrauen«, also die allgemeine Einschätzung des sozialen Zusammenhalts, sich zwischen dem ersten und dem zweiten Befragungstermin kaum nennenswert verändert hat; die Bewertung an sich fiel dabei weder bemerkenswert schlecht noch herausragend gut aus. Auch bezogen auf die Qualität des sozialen Miteinanders im jeweiligen regionalen Umfeld, auf das »regionale Sozialkapital« also, ergab sich Ähnliches, mit einer ganz leichten Verschiebung zum Besseren bei den befragten ProjektteilnehmerInnen. In beiden Aspekten lagen die Ausgangswerte in der *Tu was*-Gruppe etwas höher als in der Vergleichsgruppe. Bei näherer Betrachtung allerdings legen die Ergebnisse unserer kleinen lokalen Befragung durchaus nahe, dass Beteiligungsprogramme und Weltverbesserungsinitiativen wie *Tu was, dann tut sich was*. etwas zum so immens wichtigen Brückenbilden in einer lokalen Gemeinschaft beitragen können. Wir möchten in diesem Zusammenhang auf ein spezifisches Beispiel eingehen, nämlich auf die Entwicklung der subjektiv empfundenen Qualität des Zusammenlebens zwischen unterschiedlichen Gruppen.

Schauen wir uns zunächst an, wie die Befragten das Zusammenleben im konkreten lokalen Umfeld auf Ebene des Gemeindelebens, also mit den unmittelbaren MitbürgerInnen, insgesamt einschätzen. Hier wies zunächst die Vergleichsgruppe aus der Gesamtbevölkerung leicht höhere Vertrauenswerte auf als die Gruppe jener Befragten, die sich an *Tu was* beteiligt hatten (eine vielleicht nicht uninteressante Randbemerkung an dieser Stelle: die »lokalen« Vertrauenswerte auf Gemeindeebene lagen bei den Befragten aus der Gesamtbevölkerung deutlich höher als die Werte derselben Gruppe in der Kategorie »generelles Vertrauen« – eine Differenzierung, die sich bei der *Tu was*-Gruppe nicht so klar abbildete). Diese Werte blieben über den Erhebungszeitraum hinweg auch stabil, während sich für die *Tu was*-Gruppe zum späteren Zeitpunkt ein Zuwachs an Vertrauen zeigte. Die Einschätzung des Zusammenlebens unterschiedlicher Gruppen (zum Beispiel der Generationen, von unterschiedlichen religiösen Gruppierungen, von ÖsterreicherInnen und MigrantInnen oder eben auch von Einheimischen und Zugezogenen) fiel in der Vergleichsgruppe zunächst etwas positiver aus als jene der *Tu was*-TeilnehmerInnen – die Einschätzung der Letzteren verschob sich über die eineinhalb Jahre zwischen den Befragungen aber zum Besseren. Eine besonders deutliche Steigerung bei der Beurteilung ließ sich dabei für das Zusammenleben der alteingesessenen Einheimischen und der »Zuagroasten« feststellen. Bemerkenswert ist hier, dass relativ viele der TeilnehmerInnen des Sozialfestivals in der betreffenden Region selbst ursprünglich von woandersher stammen und in die Region zugezogen sind. Im Rücklauf der Fragebögen lag ihr Anteil sogar bei der Hälfte – in der Vergleichsgruppe aus der Gesamtbevölkerung bei knapp einem Drittel.

Man könnte die hier zusammengefassten Ergebnisse so interpretieren, dass es in der Projektgruppe offenbar eine etwas höhere Sensibilität für mögliche Konflikte oder soziale Spannungen gab und dabei das Verhältnis von Alteingesessenen und Neuzugängen, wohl aufgrund eigener »Betroffenheit«, noch einmal besondere Aufmerksamkeit erfuhr. Dieses erhöhte Problembewusstsein führt im Kontext von *Tu was* dann auch zu »Lösungsvorschlägen«: Denn in Kombination mit dem gleichzeitigen etwas höheren Vertrauen ins regionale Umfeld und die Mitmenschen, das sich in der *Tu was*-Gruppe gezeigt hat, konnte das Problembewusstsein offenbar in entsprechende Aktivitäten, Ideen und Projekte zum guten Zusammenleben münden. Es lässt sich weiters vermuten, dass die Erfahrungen von wiederkehrenden Begegnungen, neuen Kontakten und auch Unterstützung durch andere dann mit ausschlaggebend waren für den festzustellenden leichten Anstieg des generellen Vertrauens. Vor allem aber liegt nahe, dass diese wiederholten Erfahrungen im Kontakt mit anderen Gruppen zum deutlich besseren Erleben des Miteinanders von Zugezogenen und Einheimischen geführt haben. Hier greift offensichtlich, was Gordon Allport als »Kontakthypothese« bezeichnet: Häufiger Kontakt zu Mitgliedern anderer Gruppen führt zu einem Abbau von Ressentiments und zu mehr Vertrauen, insbesondere dann, wenn der Kontakt aktiv gestaltet und mit Kooperation verbunden ist. Übrigens, und das belegt die besondere Bedeutung, die gerade auch Engagement-ErmöglicherInnen für die Weltverbesserung im Kleinen zufällt: Wenn die Kontakte von »Autoritäten« (sei es von der öffentlichen Hand, von bekannten Organisationen oder von »Dachprogrammen« wie beispielsweise *Tu was*) unterstützt werden, ist dies dieser positiven Wirkung äußerst zuträglich!

Eineinhalb Jahre, wie in unserer Erhebung, sind freilich ein recht kurzer Zeitraum, wenn es um das Herausbilden und Wachsen von Vertrauen geht. Vertrauen braucht Zeit, viel Zeit, um zu wachsen und sich zu festigen (anders als Vertrauensverluste, die sehr abrupt und plötzlich eintreten können). Zusammen mit den Beobachtungen, die wir im Kapitel »Tu was!« zur Entwicklung von Kooperation im *Tu was*-Kontext auch über den – kurzen – Festivalzeitraum hinaus beschrieben haben, dürften die Ergebnisse unserer Befragung aber darauf hinweisen, dass ein wirkungsvoller Prozess angestoßen werden konnte, der auch mit Festivalende in der jeweiligen Region längst nicht unbedingt ebenfalls zu Ende ist. Ebenso ist anzunehmen, dass es sich um wechselseitige Prozesse handelt, die längerfristig zu wirken vermögen: Wer mehr Vertrauen in soziale Beziehungen und Zusammenhalt hat, beteiligt sich eher; und umgekehrt, wer sich beteiligt, macht eher vertrauensbildende und -stärkende Erfahrungen mit anderen Menschen. Gelegenheitsstrukturen – wie etwa im Rahmen von *Tu was* als Programm zur Förderung und Unterstützung von freiwilligem Engagement – können helfen, Sozialkapital, und hier vor allem das so wichtige gruppenübergreifende Sozialkapital, aufzubauen. Die soziale Infrastruktur ist dann jener notwendige tragfähige Boden und jenes solide Fundament, auf dem vertrauenswürdige Brücken für ein gutes und besseres Zusammenleben errichtet werden können.

LITERATUR UND QUELLEN:

Fleischanderl, Ulrike et al.: Auf gesunde Nachbarschaft! Hinschauen, ins Gespräch kommen, aktiv werden! Tipps und Ideen für alle, denen gute Nachbarschaft am Herzen liegt. Wien: Fonds Gesundes Österreich 2015.
Gstach, Isabell / Kapferer, Elisabeth: *Tu was, dann tut sich was.* und das soziale Kapital. Ein kurzer Ausflug in die Welt des sozialen Kapitals. In: Gstach, Isabell et al. (Hg.): Sozialatlas Mühlviertler Alm. Eine vernetzte Region. Wien: mandelbaum verlag 2015, 153–158.
Kapferer, Elisabeth / Sedmak, Clemens: *Tu was* und die »intangible Infrastruktur«. In: Gstach, Isabell et al. (Hg.): Sozialatlas Steirische Eisenstraße. Lokales Wissen erfolgreich nutzen. Wien: Mandelbaum verlag 2013, 146–148.

Klinenberg, Eric: Palaces for the People. How Social Infrastructure Can Help Fight Inequality, Polarization, and the Decline of Civic Life. New York: Crown 2018.

Sozialkapitalerhebung, durchgeführt vom ifz Salzburg in der Region Mostviertel-Mitte – unveröffentlichte Auswertung.

netzwerk-nachbarschaft.net/wettbewerbe/aktion-gesunde-nachbarschaften/videowettbewerb → *The Bänk for better anderständing* wurde unter anderem mit dem Deutschen Engagementpreis ausgezeichnet und erreichte beim Videowettbewerb der »Aktion Gesunde Nachbarschaften« (veranstaltet vom *Netzwerk Nachbarschaft* gemeinsam mit der *AOK*) den 1. Platz.

→ Ebenfalls auf Bänke setzen übrigens die österreichischen InitiatorInnen von »Bänkle Hock«, dem fast kostenlosen, überall durchführbaren dezentralisierten Dorffest. Mehr dazu hier: Tage der Utopie: Bänkle Hock – Ein Dorffest das sitzt. tagederutopie.org

»WE CAN ONLY DO IT TOGETHER.«

Schlusssatz in Eric Klinenbergs
»Palaces for the People«

WO ES HINFÜHRT

*Oder: Über Wirkungen und Zu(kunfts)versichtlichkeit.
Anstelle eines Schlussworts*

»Ja, und bringt das alles denn etwas?« – So oder so ähnlich fielen mit schöner Regelmäßigkeit Fragen aus, die an *Tu was, dann tut sich was.* gestellt wurden, und die sicherlich auch vielen Menschen hinter anderen Initiativen und Aktivitäten, die wir in diesem Band erwähnt haben, geläufig sind. Und es ist in der Tat eine gute Frage, ob's denn etwas bewirkt, ob sich denn *etwas tut*. Wenn wir Fritz Messner glauben dürfen, lautet die Antwort: »Ja!« Fritz Messner war Jurymitglied in der ersten Auflage des Sozialfestivals im salzburgischen Lungau. Er ist dort gewissermaßen lokales Urgestein, sowohl von seinem beruflichen Hintergrund als Mittelschullehrer her als auch als Autor und Kulturschaffender – eine regionale Institution und vor allem ein besonderer Kenner des Lebens und der Menschen im Lungau. »Es hat sich etwas in den Köpfen der Menschen verändert«, war er nach einem Jahr *Tu was* überzeugt. Diese Einschätzung hat uns sehr gefreut, aber wir haben sicherheitshalber auch noch an anderer Stelle und direkt nachgefragt, nämlich bei denjenigen, die sich mit ihren kleinen Beiträgen zur Weltverbesserung und zum guten und noch besseren Zusammenleben in das Sozialfestival eingebracht haben.

Eine erste gute Nachricht, die gerade auch Engagement-ErmöglicherInnen interessieren könnte: Rein schon der Anstoß, der Aufruf zur Beteiligung hat Dinge ins Rollen gebracht. Da war plötzlich ein Anlass, über das eigene Umfeld nachzudenken, kritisch, kreativ und konstruktiv hinzuschauen und sich, so die Worte einer *Tu was*-Teilnehmerin, »gemeinsam Zukunftsgedanken zu machen«, wie das Leben vor Ort noch besser gestaltet werden könnte. Kein Grübeln im stillen Kämmerlein war hier gefragt, sondern ein gemeinschaftliches und durchaus öffentliches Gespräch darüber, wie wir miteinander leben wollen und wie wir unsere Vorstellungen auch umsetzen können. Unterschiedliche »Zukunftsgedanken« wurden in vielen kleineren und größeren Aktionen aus dem Reich der Ideen geholt, umgesetzt und oftmals dauerhaft in die lokale soziale Praxis überführt. Vieles konnte ausprobiert werden, ganz nach dem Motto: »Schauen wir einmal, ob sich das tatsächlich machen lässt!«

Man könnte nun einwendend fragen: Was soll denn da schon Großartiges entstehen? Und tatsächlich, die Weltverbesserung im Kleinen, von unten, bringt wahrscheinlich eher selten die ganz großen und innovativ-strahlenden Leuchttürme hervor (das zeigt übrigens auch der Blick in andere ähnliche »Dachprogramme« andernorts, die ebenfalls Gemeinschaftsgärten, Mittagstische und Co. kennen). Laut dem schon öfters zitierten »Initiativen-Kochbuch« ist das ja auch nicht das Entscheidende. Vielmehr geht es darum, *dass* sich etwas bewegt. Dass sich auch in uns etwas bewegt. Wer etwas beiträgt, um das Zusammenleben besser zu machen, kann Wellen schlagen, für andere, aber auch in sich selbst. Das Stichwort hier ist »Selbstwirksamkeit«: Es gehörte in diesem Sinne mit zu den wichtigsten Erfahrungen, von denen uns *Tu was*-TeilnehmerInnen erzählt haben, zu erleben, dass die eigene Idee, das eigene Anliegen erfolgreich umgesetzt werden konnte, zu erleben, dass das eigene Tun wirklich einen Unterschied macht. Dieses Fortwirken der »guten Tat« im Sinne der Selbstwirksamkeit gilt insbesondere dann, wenn es sich bei der Idee oder Zielsetzung um ein sogenanntes intrinsisch motiviertes Anliegen handelt, also um eine Angelegenheit, die uns dicht am Herzen liegt. Das kann in weiterer Folge dazu führen, dass man vielleicht auch künftig mutiger ist, sich mehr zutraut und auch in Zukunft dort (mit)anpackt, wo es einem wirklich, wirklich wichtig ist.

Das, was einem wirklich wichtig ist, tun, leben und umsetzen zu können, das eigene Umfeld (mit)gestalten zu können, Möglichkeiten zu sehen und zu ergreifen, Spielräume (wie klein auch immer sie sein mögen) nutzen zu können, das lässt uns Sinn erfahren. Darauf verweist etwa auch der deutsche Wissenschaftsjournalist und Autor Ulrich Schnabel in Anlehnung an große Denker und bemerkenswerte Persönlichkeiten (wie an Stephen Hawking, Václav Havel oder Nelson Mandela, aber auch an den auch von uns schon vorgestellten Ali Mahlodji, um nur einige von Schnabels Referenzen zu nennen), die sicher um ihren jeweiligen Sinn, ihr »Warum« im Leben wussten und wissen und sich dafür und für gelebte Menschlichkeit einsetzten und einsetzen. Was für diese Großen und vor allem im Großen gilt, gilt wohl auch im Kleinen der Weltverbesserung und fürs alltägliche, gute und bessere Zusammenleben: Wenn jemand eine Idee, quasi ein kleines, wichtiges »Warum« hat, dessentwegen sie oder er sich für das Zusammenleben und die Gemeinschaft einsetzen möchte, kann das Antrieb sein. Umso mehr, wenn dieses »Warum« Anerkennung erfährt: Denn wenn jemand eine Idee hat, so erzählt ein Gesprächspartner aus dem Sozialfestival, »und er sieht, dass seine Idee ernst genommen wird beziehungsweise verwirklicht werden kann, dann ist er bereit, sich zu engagieren und aktiv was zu machen.«

Die Verwirklichung einer Idee gemeinsam mit und unterstützt von anderen, das schafft Verbundenheit – und auf einem Boden der Verbundenheit kann viel Gutes gedeihen, manchmal auch Überraschendes und auch von überraschenden Beteiligten, durchaus über die Kreise der »üblichen Verdächtigen« hinaus: »... dass sich da aber noch andere Leute gefunden haben, die wirklich was bewegen wollten, wo man nie gedacht hätte, dass da dieses Potenzial da ist oder dass die das machen können beziehungsweise *wollen* überhaupt!« Auch das ist Wirkung: wenn Menschen, die nicht zu den etablierten »Machern« und »Zugpferden« zählen, sich in ihrer Umgebung als GestalterInnen bemerkbar machen können, wenn sich die Kreise der GestalterInnen, der Engagierten, erweitern.

Manches von dem, was da entsteht, bleibt. Viele Begegnungsorte, die im Zuge von *Tu was* wiederbelebt oder neu eingerichtet worden sind, leben noch weiter. Sie leben weiter, wenn dahinter weiterhin Menschen stehen, die sich für ihre Pflege einsetzen, und wenn die Gelegenheitsstrukturen, die so geschaffen werden konnten, von den Leuten auch genutzt und angenommen werden – man könnte auch sagen: wenn sie also offensichtlich den Punkt treffen! Gemeinschaft und gutes Zusammenleben sind aber keine Selbstläufer. So treffen sich etwa die älteren, alten und ganz alten Menschen in einer kleinen Gemeinde im Mühlviertel weiterhin, auch nach dem Ende von *Tu was*, regelmäßig zu einem Mittagstisch, weil die Gruppe, die damals diese Idee hatte und umgesetzt hat, weiterhin fürs so wichtige Dazu-Einladen und fürs in der Alltagsrealität noch viel wichtigere Abholen und Heimbringen der oft selbst nicht mehr mobilen TeilnehmerInnen sorgt. Und sie treffen sich weiterhin, weil die damit angesprochenen Alten im Ort diese Möglichkeit, alte Kontakte wieder aufleben zu lassen und neue Kontakte zu knüpfen, nur zu gerne nutzen und so das Ihre zum Gelingen beitragen. Ebenso blüht und gedeiht etwa der schon erwähnte bunte Treffpunkt in einem ehemaligen Leerstand im niederösterreichischen Mostviertel weiterhin, weil sich neben der Kerngruppe hinter dem Projekt inzwischen auch in der Gemeinde und über die Gemeinde hinaus eine breitere Unterstützung für diesen Begegnungsraum der Kulturen und Generationen etabliert hat. – Dass solche Impulse zum guten Zusammenleben wirken können und die Welt im Kleinen auch weiterhin besser machen können, dazu braucht es also das (anhaltende) Mitwirken der Menschen, um die es geht. Dieses Mitwirken wiederum wird dort bestärkt, wo Selbstwirksamkeit erlebt wird, wo das Tun als gelebte Gemeinschaft und gelebte Menschlichkeit Früchte trägt.

Nicht immer kann Wirkung an Zahlen und Maßeinheiten oder anderen bleibenden und sichtbaren Ergebnissen festgemacht werden. Effekte sind nicht immer ein in Zahlen (und zumal in ökonomischen Zahlen) bestimmbarer Wert, sondern kommen auch als nicht greifbares, intangibles – dabei aber um nichts weniger wertvolles und wirkungsvolles – Moment ins Spiel. Das bestätigt auch die Wirkungsforschung. Von einer Wirkung wird gesprochen, wenn sich im Bewusstsein oder in den Fähigkeiten und Handlungsspielräumen von Menschen etwas verändert, wenn somit auch im Lebensumfeld, auch im kleinen, lokalen Kontext, etwas bewegt wird. In unseren Worten: wenn Menschen sich über die Weltverbesserung im Kleinen Gedanken machen, ihren Gedanken Worte und Taten folgen lassen und sie ihr Tun als sinnvoll und wirksam erleben. Dass Wirkung intangible Seiten haben kann, das haben übrigens auch die Initiatoren von *Big Local* erfahren, die sich in umfassender Weise mit den Fragen beschäftigt haben, was denn bleibt und was es bewirken kann. Auch in den Ergebnissen ihrer Nachhaltigkeitsstudie zeigten sich als wichtige Wirkungen des Programms und der vielen kleinen und größeren Aktivitäten zur Weltverbesserung das Neuentstehen und Gedeihen von Kooperationen und Zusammenarbeit, ein gesteigertes Vertrauen in (soziale) Organisationen ebenso wie ein gesteigertes Zutrauen in die eigenen (bestehenden wie neu entdeckten) Fähigkeiten, das Erleben von Selbstwirksamkeit, eine steigende Engagier-Willigkeit und schließlich auch das »Wellen-Schlagen« – Weltverbesserung, auch im Kleinen, strahlt aus, Weltverbesserung, auch im Kleinen, kann ansteckend sein.

Gemeinsam zu wirken und Vertrauen zu haben, das waren auch Stichwörter, die uns im Zusammenhang mit dem lokalem Sozialkapital untergekommen sind, als Zutaten sozialer Infrastrukturen und damit als Bestandteil des Fundaments für tragfähige Brücken des Zusammenlebens. Solche Brücken könnte man auch als »bridges to possible«, als Brücken hin zum Möglichen und zu Möglichkeiten verstehen, um mit einem Werbeslogan eines amerikanischen Telekommunikationsunternehmens zu sprechen (aber gelingende Kommunikation ist ja immerhin auch eine wichtige Zutat in der Weltverbesserung im

Kleinen). Brücken hin zu Möglichkeiten des guten Zusammenlebens verlangen nach einer gewissen sozialen Phantasie. Diese soziale Phantasie ist es, die Nina Ross, jene Schülerin, der wir schon in früheren Kapiteln begegnet sind, dazu antreibt, die vielen kleinen Zeichen zu setzen, die die Leute aufmerksam werden lassen, zunächst auf die teils unerklärlichen kleinen, schönen Vorkommnisse, später auch füreinander.

Am Ende von Ninas langem Sommer der kleinen Weltverbesserung versetzt übrigens ein Stromausfall die Straße in Dunkelheit. Und was passiert? Die Leute bleiben nicht in ihren Häusern, sondern kommen mit Kerzen und Sitzgelegenheiten auf der Straße zusammen. Hier werden frühere »Selbstverständlichkeiten« durchbrochen, hier wird auch das früher gängige Für-sich-selbst-Bleiben durchbrochen – gemeinsam wird Nachbarschaft gelebt, wo zuvor nur ein Nebeneinander war. Was hier wirksam wird, ist Ninas soziale Phantasie, eine Rolle spielen zu können, etwas beitragen zu können, etwas verändern zu können. Es ist auch Ninas Zuversicht, die hier wirksam wird: Denn es geht ihr nicht nur um irgendeine Veränderung. Es geht Nina um Veränderung »zum Guten«. Um diese Art Zuversicht ging es auch in einem Workshop, den wir zum Abschluss unseres Sozialfestivals für alle *Tu was*-TeilnehmerInnen aus allen Regionen veranstaltet haben – Zuversichtlichkeit, die aus den vielen kleinen, guten Erfahrungen gewachsen ist, was in einem ganz positiven Sinne alles möglich ist, wenn es Zeit und Raum gibt, gemeinsam am guten Zusammenleben zu basteln, gemeinsam Ausschau nach den Stellschrauben für ein besseres Miteinander zu halten, an denen dann auch mit Zuversicht gedreht werden kann, um gemeinsam etwas zu bewegen. In den Worten eines Teilnehmers gesprochen geht es bei der Weltverbesserung im Kleinen somit auch darum: um »Zukunftsversichtlichkeit«.

Weltverbesserung kann im Kleinen – symbolisch gesprochen auch »in der eigenen Straße« – und über Veränderungen im Kleinen, »in der eigenen Straße«, beginnen. Weltverbesserung im Kleinen ist dabei kein kleines, sondern ein sogar sehr großes Ziel. Die Schritte, die sie möglich machen, sind aber auch als kleine Schritte wichtig, und vor allem, als solche sind sie setzbar, von uns allen. Auch das meint »Zukunftsversichtlichkeit«. Der womöglich wichtigste Gedanke lautet im Endeffekt wohl: Fangen wir irgendwo an!

LITERATUR UND QUELLEN:

Die gekennzeichneten Zitate in diesem Kapitel stammen aus Einzelinterviews mit *Tu was*-TeilnehmerInnen und aus Dokumentationen von Workshops, die in den *Tu was*-Regionen durchgeführt wurden.

Big Local: The Legacy of Big Local. Local Trust 2018.
Fahrun, Heike et al.: Initiativen-Kochbuch. Engagement selbst gemacht. Einstieg ins Projektmanagement. Ein Handbuch des Theodor-Heuss-Kollegs. Berlin 2015.
Gstach, Isabell / Kapferer, Elisabeth: Impact – Effekte – Nachhaltigkeit. In: Gstach, Isabell et al. (Hg.): Sozialatlas Steirische Eisenstraße. Lokales Wissen erfolgreich nutzen. Wien: mandelbaum verlag 2013, 149–162.
Schnabel, Ulrich: Zuversicht. Die Kraft der inneren Freiheit und warum sie heute wichtiger ist denn je. München: Blessing 2018.
Weber Hurwitz, Michele: Wie ich die Welt in 65 Tagen besser machte. Aus dem Amerikanischen von Angelika Eisold Viebig. Frankfurt am Main: Fischer 2014.
wirkung-lernen.de

ANHANG

LITERATUR UND LINKS

für (zukünftig) Engagier-Willige, Engagierte und Engagement-ErmöglicherInnen

Dieses Literatur- und Link-Verzeichnis gibt noch einmal einen zusammenfassenden Überblick über die in diesem Lesebuch angeführten Dokumente. Viele davon sind online abrufbar, und dann wollen wir das freilich auch wissen lassen. Nicht immer geht das mit kurzen Links. Und da wir ein Lesebuch in Papierform aus dem Jahr 2019 in Händen halten, in keinem Fall auf einen Klick.

Um neugierigen und interessierten LeserInnen mühsame Arbeit mit dem Abtippen von langen Zeichenkolonnen zu ersparen, nutzen wir TinyURLs als Abkürzungen, also kurze Zeichenkolonnen. Da TinyURLs zwar ewig halten, Zieladressen (hier alle zuletzt abgerufen im Juni 2019) sich aber ändern können, geben wir zusätzlich die Startseite der jeweiligen Quelle an (wo nötig und möglich und nicht gleich ersichtlich, mit Hinweisen, über welchen Folge-Klick man zum gewünschten Dokument findet). Zugegeben, wir tun dies auch deshalb, weil Vertrauen zwar für die Weltverbesserung eine Rolle spielt, aber nicht für Klicks auf anonyme Weblinks vorausgesetzt werden kann.

Falls alles nichts hilft: Suchmaschine des besagten Vertrauens anwerfen und dort die gewünschten Quellen bzw. Dokumenttitel suchen – und hoffentlich finden.

Nach Möglichkeit führen die von uns notierten TinyURLs nicht direkt zu Downloads, sondern zu Seiten, auf denen die Dokumente (als PDF) zum Download bereit stehen. Auf direkte Download-Seiten wird mit einem dem Link nachgestellten »(PDF!)« explizit hingewiesen.

Viel Vergnügen beim Stöbern und Weiterlesen!

HILFREICHE PRAXISLEITFÄDEN UND HANDBÜCHER:

Agenda 21 Netzwerk Oberösterreich: Viel Projekt für wenig Geld. tinyurl.com/y56omgyf bzw. agenda21-ooe.at

Amt der NÖ Landesregierung, Abteilung Raumordnung und Regionalpolitik (Hg.), Arbter, Kerstin: Identität aufbauen, Gemeinschaft stärken, Verantwortung teilen. Ortsplanung mit der Bevölkerung. Das Handbuch zur BürgerInnenbeteiligung in der örtlichen Raumplanung für Niederösterreich. Wien–St. Pölten 2013. tinyurl.com/y4z29rk9 bzw. partizipation.at → Praxiswissen → Weitere Handbücher und Leitfäden.

Bertelsmann Stiftung: Gut gemeint – schlecht gemacht. Schwierige Förderprojekte gemeinsam neu ausrichten. Gütersloh 2016. tinyurl.com/y3v9tmah bzw. bertelsmann-stiftung.de → »gut gemeint – schlecht gemacht« im Suchfeld eingeben.

Bundesarbeitsgemeinschaft für Freiwilligenagenturen (bagfa) e. V. (Hg.), Wallentin, Annette: Neue Engagierte. Freiwilliges Engagement von geflüchteten Menschen fördern. Ein Leitfaden für die Praxis. Berlin 2018. tinyurl.com/ya2h3nzo bzw. teilhabe.bagfa.de → Erfahrungen → Praxisleitfaden »Neue Engagierte« veröffentlicht!

Bundesministerium für Arbeit, Soziales und Konsumentenschutz (Hg.), Hechl, Elisabeth et al.: Erfolgreich Projekte initiieren! Ein Leitfaden für Seniorinnen und Senioren, die sich selbstbestimmt engagieren möchten. Wien 2015. tinyurl.com/y39fefs5 bzw. sozialministerium.at → »aktiv altern« im Suchfeld eingeben.

Fahrun, Heike et al.: Initiativen-Kochbuch. Engagement selbst gemacht. Einstieg ins Projektmanagement. Ein Handbuch des Theodor-Heuss-Kollegs. Berlin 2015. tinyurl.com/y45s3qwn bzw. bagfa-integration.de → »Initiativen-Kochbuch« im Suchfeld eingeben.

Fleischanderl, Ulrike et al.: Auf gesunde Nachbarschaft! Hinschauen, ins Gespräch kommen, aktiv werden! Tipps und Ideen für alle, denen gute Nachbarschaft am Herzen liegt. Wien: Fonds Gesundes Österreich 2015. tinyurl.com/y5p9mq9p bzw. gesunde-nachbarschaft.at → Über Uns → Materialien.

Giedenbacher, Yvonne et al.: Aus Erfahrung lernen. Gesundheitsförderung und soziale Teilhabe von Familien und älteren Menschen in Nachbarschaften. Ein Handbuch zur Initiative »Auf gesunde Nachbarschaft!«. Wien: Fonds Gesundes Österreich 2018. tinyurl.com/y5p9mq9p bzw. gesunde-nachbarschaft.at → Über uns → Materialien.

Initiative Allianz für Beteiligung e. V.: (Neu)Land gestalten! Methoden und Praxisbeispiele für Bürgerbeteiligung in kleinen Städten und Gemeinden. Stuttgart 2016. tinyurl.com/y24735hj bzw. allianz-fuer-beteiligung.de → Materialien → Beteiligung und ländlicher Raum.

Internationale Organisation für Migration (Hg.), Viriri, Itayi et al.: Ein Weg zur Integration. Freiwilligentätigkeit von Migrant/innen in der Gesellschaft. Wien 2013. tinyurl.com/y6blndgv bzw. austria.iom.int → »toolkit« im Suchfeld eingeben.

Köck, Maria et al.: Park(T)Raum. Für ein gutes Miteinander. Handbuch zum Modellprojekt für generationenübergreifende Zusammenarbeit in öffentlichen Räumen. Wien: 2008. tinyurl.com/yym86dv8 – Seite der Stadt Wien, leider nur mehr über Suchmaschinen auffindbar.

Landesfreiwilligenagentur Berlin (Hg.), Schaaf-Derichs, Carola / Vollrath, André: Freiwilligenagenturen als zivilgesellschaftliche Akteure – Lern- und Wachstumsprozesse für eine lebendige Bürger_innengesellschaft. Handbuch zur Qualifizierungsoffensive für Freiwilligenagenturen in Berlin. Teil II und III – 2014 und 2015. Berlin 2016. tinyurl.com/y2x0kgn4 bzw. freiwillige-managen.de → »Qualifizierungsoffensive« im Suchfeld eingeben oder in der Begriffswolke der häufigsten Suchbegriffe anklicken.

ÖGUT (Hg.), Arbter, Kerstin et al.: Das Handbuch Öffentlichkeitsbeteiligung. Die Zukunft gemeinsam gestalten. Wien: ÖGUT 2005. tinyurl.com/yyro4mpz bzw. oegut.at/ → Medien → Publikationen → Partizipation.

Servicebüro zusammen›wohnen‹: Engagierte Nachbarschaften. Tipps für Miteinander. Graz: Land Steiermark 2018. tinyurl.com/y299l6nj bzw. zusammenwohnen.steiermark.at → Handlungsfelder → Engagierte Nachbarschaften.

Stiftung Mitarbeit (Hg.), Sellnow, Reinhard: Die mit den Problemen spielen … Ratgeber zur kreativen Problemlösung. 9. überarbeitete und erweiterte Auflage. Bonn 2012.

Tage der Utopie: Bänkle Hock – Ein Dorffest das sitzt. tinyurl.com/y6m9wqk6 bzw. tagederutopie.org → WIRKstätten der Utopie.

Walljasper, Jay: 16 Ways to Make Your Neighborhood Safer, Greener & Fun. tinyurl.com/y24trc2d bzw. onthecommons.org → »16 ways« im Suchfeld eingeben.

Walljasper, Jay: 25 Tips for Making Your Neighborhood Better. tinyurl.com/y24trc2d bzw. onthecommons.org → »25 tips« im Suchfeld eingeben.

LESENSWERTE BERICHTE ZU PROJEKTEN UND PROJEKTSPEZIFISCHEN FRAGESTELLUNGEN:

Allianz für Beteiligung / Schmettow, Petra: Diskurspapier: Zugang zu stillen Gruppen in Beteiligungsprozessen – Erfahrungen, Herausforderungen und Möglichkeiten. tinyurl.com/y24735hj bzw. allianz-fuer-beteiligung.de → Materialien → Beteiligung und Vielfalt und Migration → Einbeziehung stiller Gruppen in Bürgerbeteiligungsprozessen (PDF!).

Bertelsmann Stiftung et al. (Hg.), Röbke, Thomas: Vernetzen, beraten, ermöglichen. Strukturen für Engagement. Zivilgesellschaft KONKRET 3/2014 (ZiviZPraxis – Zivilgesellschaft in Zahlen). tinyurl.com/y4powpml – Seite der Bertelsmann Stiftung, leider nur mehr über Suchmaschinen auffindbar.

Big Local: Beyond the Early Years. Our Bigger Story. The Longitudinal Multi Media Evaluation of Big Local 2015–2016. Local Trust 2017. tinyurl.com/yy48zn2y bzw. localtrust.org.uk → »beyond the early years« im Suchfeld eingeben.

Big Local: The Legacy of Big Local. Local Trust 2018. tinyurl.com/yy48zn2y bzw. localtrust.org.uk → »the legacy of big local« im Suchfeld eingeben.

Born, Sabrina: Bürgerschaftliches Engagement: stabilisieren, stärken, steigern. Innovation und Investition in Infrastruktur und Infrastruktureinrichtungen. Studie für den Arbeitskreis »Bürgergesellschaft und Aktivierender Staat« der Friedrich-Ebert-Stiftung. Bonn 2005. tinyurl.com/yxktn4pk bzw. fes.de → »bürgerschaftliches Engagement« im Suchfeld eingeben (PDF!).

Boyle, David: Talking versus Doing. The big debate. tinyurl.com/y2hfgfk4 – Seite von »Local Trust« (Initiatoren von *Big Local*), leider nur mehr über Suchmaschinen auffindbar.

Brockhoff, Christof: The MorgenLand Festival: An Attempt to Empower the Youth. In: Kapferer, Elisabeth et al. (eds.): The Logics of Change. Newcastle upon Tyne: Cambridge Scholars Publishing 2012, 40–57.

Bundesinstitut für Bau-, Stadt- und Raumforschung (BBSR) im Bundesamt für Bauwesen und Raumordnung (BBR) (Hg.): Jugend.Stadt.Labor. Wie junge Menschen Stadt gestalten. Bonn 2016. tinyurl.com/y2plxbcz bzw. bbsr.bund.de → Veröffentlichungen → Sonderveröffentlichungen → Zurückliegende Sonderveröffentlichungen → 2016.

Daum, Bernd: Nordhalben Aktiv – Möglichkeiten des Engagements in einer schrumpfenden Kommune. In: Magel, Holger (Hg.): Bürgerschaftliches Engagement in ländlichen Kommunen. Zwischen Wunsch und Wirklichkeit. 14. Münchner Tagung der Bodenordnung und Landentwicklung 2012, 79–84. tinyurl.com/y3waq873 (PDF!).

Die Fabrikanten / Gemeinde Weibern / Neuner, Stefan: (Hg.): 150 m² Dorfbod'n. 100 Tage Dorfkultur. Eine Dokumentation. Wels: ar.te Verlag 2001. tinyurl.com/y3fa3qt3 bzw. fabrikanten.at → Fabrikate (der Dorfbod'n ist hier derzeit auf Seite 7 zu finden).

Gstach, Isabell et al. (Hg.): Sozialatlas Steirische Eisenstraße. Lokales Wissen erfolgreich nutzen. Wien: mandelbaum verlag 2013.

Gstach, Isabell et al. (Hg.): Sozialatlas Mühlviertler Alm. Eine vernetzte Region. Wien: mandelbaum verlag 2015.

Kapferer, Elisabeth et al. (Hg.): Sozialatlas Lungau. Ideen und Projekte für ein besseres Zusammenleben. Wien: mandelbaum verlag 2012.

Österreichisches Rotes Kreuz (Hg.), Shoaiyan, Anahita: Integration junger Musliminnen und Muslime durch Ehrenamt in gemeinnützigen Organisationen am Beispiel des Österreichischen Roten Kreuzes. Ein Empfehlungsbericht. Wien 2010.

Rohrauer-Näf, Gerlinde et al.: »Auf gesunde Nachbarschaft!« – Erprobung niederschwelliger Zugänge zur Förderung der Gesundheit älterer Menschen durch soziale Teilhabe und soziale Unterstützung. In: FGÖ (Hg.): Faire Chancen gesund zu altern. Wien 2018, 71–82. tinyurl.com/y29uxotr bzw. fgoe.org → Wissen → Fachwissen zu den Programmlinien → Lebensqualität von älteren Menschen.

The Bänk for better Anderständing: tinyurl.com/yxd2g9kt bzw. netzwerk-nachbarschaft.net → Aktion Gesunde Nachbarschaften → Videowettbewerb.

Verein zur Förderung des Festivals Tu was, dann tut sich was. / LEADER-Region Mostviertel-Mitte (Hg.), Mederer, Judith et al.: *Tu was!* Magazin. Salzburg–Kirchberg/Pielach 2016.

INTERESSANTE WEB-LINKS:

agenda21-ooe.at
allianz-fuer-beteiligung.de
austria.iom.int
bagfa.de
bertelsmann-stiftung.de
bmnt.gv.at/umwelt/nachhaltigkeit/lokale_agenda_21.html
buergergesellschaft.de
forum-seniorenarbeit.de
freiwillige-managen.de
freiwilligenweb.at
gesunde-nachbarschaft.at
localtrust.org.uk
lungau-fuer-alle.at
mitarbeit.de
netzwerk-nachbarschaft.net
nordhalben-aktiv.blogspot.com
onthecommons.org
partizipation.at
tagederutopie.org
tu-was.at
whatchado.com
wirkung-lernen.de
zukunftsraumland.at → LEADER & Regionen
　　→ LEADER in Österreich

WEITERE INSPIRIERENDE LEKTÜREN UND EINBLICKE AUS PRAXIS, BELLETRISTIK UND WISSENSCHAFT:

BMASK: Bericht zur Lage und zu den Perspektiven des Freiwilligen Engagements in Österreich (2. Freiwilligenbericht), Wien: 2015. tinyurl.com/y24uojoz bzw. sozialministerium.at → »Freiwilligenbericht« im Suchfeld eingeben.

Bischof Desmond Tutu erklärt Ubuntu. Interview mit Uli Jäger. Institut für Friedenspädagogik Tübingen e. V. 2009. tinyurl.com/y5lagd6z bzw. youtube.com → »Bischof Tutu erklärt Ubuntu« im Suchfeld eingeben.

Duffy, Lynne: »Step-by-Step We are Stronger«: Women's Empowerment Through Photovoice. In: Journal of Community Health Nursing 28 (2011), 105–116.

Gstach, Isabell / Kapferer, Elisabeth: How can Public Participation Projects Generate Social Capital? A Case Study of the Austrian Social Festival Keep the Ball Rolling. In: Kapferer, Elisabeth et al. (eds.): Rethinking Social Capital. Global Contributions from Theory and Practice. Newcastle upon Tyne: Cambridge Scholars Publishing 2017, 259–284.

Hassan, Zaid: The Social Labs Revolution. A New Approach to Solving Our Most Complex Challenges. Foreword by Joi Ito. San Francisco: Berrett-Koehler 2014.

Horowitz, Alexandra: Von der Kunst, die Welt mit anderen Augen zu sehen. Elf Spaziergänge und das Vergnügen der Aufmerksamkeit. Berlin: Springer Spektrum 2013.

Inforeihe des Forum Seniorenarbeit NRW (Hg.): Alte Ideen unter neuen Vorzeichen?! Nachbarschaft heute. = Im Fokus. Seniorenarbeit in Bewegung, Heft 02/2015. tinyurl.com/y6xr2edr bzw. forum-seniorenarbeit.de → Zum Projekt → Projekt-Publikationen.

Interview mit Ray Oldenburg des Büroeinrichters »Steelcase«, tinyurl.com/y265v3uc bzw. steelcase.com/eu-de → »Oldenburg« im Suchfeld eingeben.

Jeggle, Urz / Ilien, Albert: Die Dorfgemeinschaft als Not- und Terrorzusammenhang. Ein Beitrag zur Sozialgeschichte des Dorfes und zur Sozialpsychologie seiner Bewohner. In: Wehling, Hans-Georg (Hg.): Dorfpolitik. Opladen: Leske und Budrich 1978, 38–53.

Katzlberger, Susanne: Gemeinsam Zukunft denken. Begleitung und Entwicklung von Integrationsprojekten am Beispiel des Sozialfestivals *Tu was, dann tut sich was*. Projektarbeit im Rahmen des Universitätslehrgangs Migrationsmanagement. Salzburg 2017.

Klatt, Johanna / Walter, Franz: Entbehrliche der Bürgergesellschaft? Sozial Benachteiligte und Engagement. Bielefeld: transcript 2011.

Klinenberg, Eric: Palaces for the People. How Social Infrastructure Can Help Fight Inequality, Polarization, and the Decline of Civic Life. New York: Crown 2018.

Küberl, Franz: Sprachen des Helfens. Wien u. a.: Styria Verlag 2017.

Mahlodji, Ali: Und was machst Du so? Vom Flüchtling und Schulabbrecher zum internationalen Unternehmer. Wien: Econ 2017.

Oldenburg, Ray: Celebrating the Third Place. Inspiring Stories about the »Great Good Places« at the Heart of Our Communities. New York: Marlowe & Company 2001.

Passig, Kathrin / Scholz, Aleks: Verirren. Eine Anleitung für Anfänger und Fortgeschrittene. Berlin: Rowohlt 2010.

Peitz, Dirk: »Gibt man jedem eine Stimme, sind die Arschlöcher die Lautesten«. In: Die Zeit, 9. September 2018. tinyurl.com/y73smh2s bzw. zeit.de → »Joi Ito« im Suchfeld eingeben.

Roese, Neal / Summerville, Amy: What we regret most … And why. In: Personality and Social Psychology Bulletin, Vol. 31, No. 9, September 2005, 1273–1285.

Rogers, Todd et al.: The Belief in a Favorable Future. In: Psychological Science (2017), Vol. 28 (9), 1290–1301.

Schäfer, Annette: Gemeinsam glücklich. Warum Gruppen unser Leben bereichern. In: Psychologie Heute 06/2015, 18–22.

Schäfer, Jürgen: Lob des Irrtums. Warum es ohne Fehler keinen Fortschritt gibt. München: Bertelsmann 2014.

Schnabel, Ulrich: Zuversicht. Die Kraft der inneren Freiheit und warum sie heute wichtiger ist denn je. München: Blessing 2018.

Simonson, Julia / Hameister, Nicole: Sozioökonomischer Status und freiwilliges Engagement. In: Simonson, Julia et al. (Hg.): Freiwilliges Engagement in Deutschland. Der Deutsche Freiwilligensurvey 2014. Deutsches Zentrum für Altersfragen, Berlin: 2016, 429–453. tinyurl.com/yd42eqr9 bzw. dza.de → Forschung → Deutscher Freiwilligensurvey (FWS).

Tesch-Römer, Clemens / Simonson, Julia / Vogel, Claudia / Ziegelmann, Jochen P.: Ergebnisse des Deutschen Freiwilligensurveys 2014: Implikationen für die Engagementpolitik. In: Simonson, Julia et al. (Hg.): Freiwilliges Engagement in Deutschland. Der Deutsche Freiwilligensurvey 2014. Deutsches Zentrum für Altersfragen, Berlin: 2016, 627–642. tinyurl.com/yd42eqr9 bzw. dza.de → Forschung → Deutscher Freiwilligensurvey (FWS).

Thiele, Christian (Interview mit Friedrich Glasl): »Konfliktfähige Menschen erleben Unterschiede als bereichernd«. In: Psychologie Heute 05/2017, 28–32.

Van den Boom, Maike: Wo geht's denn hier zum Glück? Meine Reise durch die 13 glücklichsten Länder der Welt und was wir von ihnen lernen können. Frankfurt am Main: Fischer Taschenbuch 2016.

Vandamme, Ralf: Bürgerschaftliches Engagement und soziale Teilhabe. In: Huster, Ernst-Ulrich et al. (Hg.): Handbuch Armut und soziale Ausgrenzung. Wiesbaden: Springer 2018, 807–822.

Wallace, David Foster: Das hier ist Wasser / This is Water. Gedanken zu einer Lebensführung der Anteilnahme vorgebracht bei einem wichtigen Anlass. Aus dem amerikanischen Englisch von Ulrich Blumenbach. Köln: Kiepenheuer & Witsch 2012.

Ware, Bronnie: The Top Five Regrets of the Dying. London: Hay House 2012.

Weber Hurwitz, Michele: Wie ich die Welt in 65 Tagen besser machte. Aus dem Amerikanischen von Angelika Eisold Viebig. Frankfurt am Main: Fischer 2014.

ÜBER DAS IFZ

Das internationale forschungszentrum für soziale und ethische fragen (ifz) betreibt angewandte Forschung zu gesellschaftlich relevanten Fragestellungen. Dabei stehen oft die Fragen nach einem guten Leben und einer gelingenden Gesellschaft im Zentrum. Das ifz versteht sich als Brücke zwischen Wissenschaft und Forschung.

Es hat Expertise in der wissenschaftlichen Begleitung von Projekten, die Menschen zu einem selbstständigen und guten Leben ermächtigen sollen, wie etwa das Sozialfestival *Tu was, dann tut sich was.*, das mehr als sechs Jahre lang in vier verschiedenen österreichischen Regionen durchgeführt worden ist. Auch das Nachbarschaftsprogramm des Fonds Gesundes Österreich (FGÖ) *Auf gute Nachbarschaft!* wurde wissenschaftlich begleitet.

Wichtige methodische Zugänge in der Arbeit am ifz sind die partizipative Forschung und ein interdisziplinärer Blick auf drängende Themen und Fragen.

Aktuelle Forschungsschwerpunkte liegen u. a. im Bereich Arbeitslosigkeit/Arbeitsmarktintegration, Wohnformen im Alter, »Demokratie und Mehrdeutigkeit«.

Das ifz organisiert regelmäßig öffentliche Vorträge, Workshops und Fachgespräche, in denen Wissenstransfer in die Praxis stattfindet.

Präsident des ifz ist Helmut P. Gaisbauer.

Leiter des wissenschaftlichen Beirates des ifz ist der Initiator des Sozialfestivals *Tu was, dann tut sich was.*, Clemens Sedmak.

ifz WISSENSCHAFT
FÜR MENSCHEN
internationales
forschungszentrum
für soziale und ethische fragen

Mönchsberg 2 A | 5020 Salzburg
office@ifz-salzburg.at | www.ifz-salzburg.at